好形象就是生产力

如何成为一个有品位的人

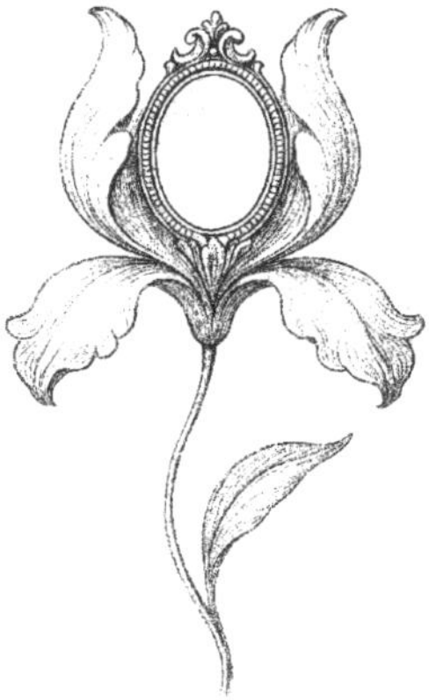

白银锋/著

中国经济出版社
CHINA ECONOMIC PUBLISHING HOUSE
·北京·

图书在版编目（CIP）数据

好形象就是生产力：如何成为一个有品位的人 / 白银锋著 . -- 北京：中国经济出版社，2025. 8. -- ISBN 978-7-5136-8247-3

Ⅰ. B825.5-49

中国国家版本馆 CIP 数据核字第 2025UA2298 号

策划编辑　龚风光　王　絜　李　伟
责任编辑　龚风光　李　伟
特约策划　书香学舍
特约编辑　蒋香香　李清霖　姚意华　王艳超
责任印制　李　伟
封面设计　车　球

出版发行　中国经济出版社
印 刷 者　北京鑫益晖印刷有限公司
经 销 者　各地新华书店
开　　本　880mm × 1230mm　1/32
印　　张　9
字　　数　210 千字
版　　次　2025 年 8 月第 1 版
印　　次　2025 年 8 月第 1 次
定　　价　68.00 元
广告经营许可证　京西工商广字第 8179 号

中国经济出版社　网址 www.economyph.com　社址　北京市东城区安定门外大街 58 号　邮编 100011

推荐语

在快节奏的现代社会，女性正以多元身份在职场博弈、家庭经营与社交场域中寻找平衡支点，我们比任何时候都需要一本适合当代生活的女性礼仪指南。本书正是一本为当代女性量身定制的软实力升级手册，它如同一位智慧的人生导师，引领当代女性在职场锋芒与日常生活之间找到平衡点，在文化传承与时代脉搏中用礼仪构建独属于自己的优雅体系。

本书不仅是一本礼仪指南，更是一把打开现代女性多元人生的钥匙。它开启的不仅是优雅生活的修炼之旅，更是一场关于自我认知的深层对话——作者运用细腻的笔触，以及自己对生活的深刻感悟，打破了“礼仪即束缚”的认知茧房，让读者看见礼仪的本质——它是女性魅力的催化剂，是内在修养与外在形象可视化的美学表达。在这里，每个女性都能找到属于自己的礼仪坐标，让优雅成为由内而外自然流淌的生命状态，让礼仪真正成为生活的智慧，而非刻意雕琢的社交表演。

愿每位翻开本书的女性，都能在作者的优美文字间照见更辽阔的自己，让礼仪成为托举人生的翅膀，在多元角色中轻盈起舞，展现属于这个时代的女性力量。

——河南大学教授　博士生导师　多部古装影视剧礼仪顾问

曹建墩

本书是礼仪美学的精髓之作，塑造优雅魅力的必读之书！在当今社会，礼仪不仅是个人修养的外在表现，更是社交成功的关键要素。

作者以丰富的实例和专业的指导，详细阐述了如何通过优雅的行走、坐姿、站姿等展现个人的自律与沉稳，如何通过微笑、眼神交流传递真诚与友善，以及如何运用恰当的手势增强沟通效果。这些内容不仅涵盖了礼仪的基本规范，更强调了礼仪背后的内在修养与情感表达，让读者深刻理解礼仪的真正内涵。

作为一名专注于古装剧礼仪指导的业内人士，我深知礼仪在塑造角色形象和营造历史氛围中的关键作用。本书从礼仪的角度深入探讨了体态、表情、手势等细节对个人形象塑造的重要性，为读者呈现了一堂生动而实用的礼仪美学课。

——中华全国总工会文工团“礼仪中国”导师

古装剧礼仪指导专家　陈　静

二十年前，白老师在化妆课上便追问“美”的本质；二十年后，她的《好形象就是生产力》以科学为骨、人文为魂，将形象升华为生命表达的艺术。

书中从穿搭到礼仪，从沟通到气场，既有师承传统的匠心，更有突破时代的洞见——她始终坚信，得体形象是内在修养的外化，是尊重与共情的桥梁。

作为老师，我见证她从技法钻研者蜕变为美学布道者。此书不仅是形象指南，更是一本人格成长启示录。愿每位读者在此书中，于细节处唤醒优雅，在分寸间重获力量。

——国家美容高级技师（一级） 江苏省产业教授

陈晓文

没有人不爱美，但很少有人明白自己为什么要变美，怎样才能变美。美，从来不是浮于表面的皮囊，而是一种由内而外散发的独特感觉。

相信《好形象就是生产力》这本书能让你更好地理解形象的价值与意义。愿你能学会观照自己、热爱自己，让美由内而外自然发生。

——优势星球创始人 优势管理研究者

崔 璀

好容貌与好形象不是一回事。明末清初美学大师李渔在《闲情偶寄》中形容人之美：“犹火之有焰，灯之有光，珠贝金银之有宝色，是无形之物，非有形之物也……是知选貌选姿，总不如选态一着之为要。”这个“态”，就是人的仪容风度。它体现在人的举手投足，一颦一笑。我们经常看到，有些外形条件很好的人看起来庸常暗淡，而有些五官、形体并不出色的人却可以展现出令人心折的气度风范。良好的仪容风度，会让你在第一次接触就迈进对方的心坎，为此后的交往合作打下良好的基础。在这个意义上说，好形象就是生产力。

摆在你面前的《好形象就是生产力》，是桂林形象礼仪协会会长、知名形象礼仪培训师白银锋老师汇聚多年专业探索经验而写成的一部帮你快速掌握这项生产力的无上秘籍。它既有理论深度，又有细节示范，一册在手，勤加研习，许你三日令人刮目，一月超凡脱俗。

——河北大学教授　百家讲坛主讲人

韩田鹿

《好形象就是生产力》从“美”的维度重新定义个人成长，揭示形象管理与内在力量的深层关联。书中结合穿搭技巧、自我管理与生活态度，倡导通过外在形象的优化激发自信与行动力，从而提升工作效率与生活品质。关注自我形象不仅是外在修饰，更是自我价值的觉醒与表达。

——礼仪畅销书作家

纪亚飞

在追求美的道路上，我们试图探索其真谛。白银锋老师的新书《好形象就是生产力》恰似一盏熠熠生辉的明灯，照亮我们对美的深刻认知。

书中从体态到表情，从手势到行走坐卧，细致剖析形象魅力的养成秘诀。它就像一位贴心的挚友，指引我们塑造优雅的外在，拥抱自信的人生。

真心推荐给每一位渴望提升自我外在形象的人！

——畅销书作家　女性个人品牌商业顾问

李　菁

在当今社会，形象是无声的名片；而礼仪，则宛如隐形的资本——它塑造第一印象，影响社交信任，甚至决定事业高度。

银锋的大作《好形象就是生产力》从礼学精髓出发，结合现代职场与生活场景，系统解析服装搭配、气质修养、商务礼仪与高情商沟通，帮助读者由外而内提升竞争力。无论是正式社交场合的举止分寸，还是日常人际中的沟通与互动，书中均以实用视角切入，图文并茂，助你在一言一行中自然流露优雅风范与专业素养。这是一本值得放在案头随时翻阅的现代礼仪宝典，让传统礼学智慧真正“活”在了当下。

——著名礼仪学家　武汉大学教授

李荣建

白银锋老师的《好形象就是生产力》值得推荐。过去很多人认为好形象只关乎容貌与穿搭。阅读完这本书你会知道，真正好的形象源于内在和礼仪。甚至你跟人沟通时的手势，都能让他人的好感和信任度加分！推荐你花 2~3 小时仔细阅读，定会为你的生活带来很大的改变。

——小红书官方电商认证讲师　IP 打造老师

李小月

好形象，是每个人最重要的一张“名片”。

我曾因忽视形象错失了很多机会，直到开始打造个人 IP 才明白——形象就是竞争力。在人人都是 IP 的时代，好形象不仅能为我们加分，更能为我们创造更多可能性。

白银锋老师在《好形象就是生产力》一书中，分享了她多年礼学经验的精华，助力我们用形象赢得信任、放大影响力。每一个渴望突破的人，都值得一读。

——《定位高手》《代表作》作者　书香学舍主理人

刘 Sir

白老师以专业的、富有借鉴意义及细腻的笔触，将形象管理与礼仪修养融入生活场景。尤其是书中对“场域适配”的强调，让礼仪不再是刻板的规则，而是人际沟通中富有情感的润滑剂。

相信，白老师对得体的形象举止与良好的审美品位的分享，会对渴望提高社交影响力的你给予良好的帮助。

相信，无论是商务精英还是社交达人，这本书都能使你在举手投足间传递尊重与真诚，并使你的生活更加美好，使你的事业蒸蒸日上。

追求人生的价值，让我们一起从阅读书籍《好形象就是生产力》做起。

——全国两会高端接待礼仪培训师　中国国际公共关系协会理事

吕艳芝

书是一面放大镜，可以透过它去探索世界的神秘；书是一个指南针，可以为我们指明前进的方向。从书中可以学到做人的道理，从书中可以学到怎样面对生活。

《好形象就是生产力》用朴实的话语阐释了对生活真谛的理解。全书深刻揭示了好形象的重要作用，甚至上升到生产力的哲学高度，通过精美的图片、浅显易懂的语言以及能快速上手的技巧，系统提炼了塑造好形象的方法。

全书行文流畅，深入浅出，有一种轻松愉悦的心境。细细读来，还察觉到在朴实无华的语言中蕴含着自信以及对生命的热爱。

——国家民委优秀中青年专家　桂林理工大学公共管理学院院长

彭正波

白老师是真正的形象礼仪专家，她把形象升级的理念和方法讲得很透。如果你想成为一个魅力十足的人，她的这本书，一定可以帮到你。

——《一年顶十年》作者

剽悍一只猫

在当今竞争激烈的社会，无论是职场拼搏，还是日常生活，个人形象都在悄无声息地发挥着关键作用。《好形象就是生产力》这本书，正是为我们揭开个人形象奥秘的得力助手。

从心理学角度来看，人们在初次见面的短短7秒内，就会对他人形成初步印象，而这一印象很大程度上基于外在形象与肢体语言。在职场场景中，精心搭配的职业装、得体的妆容、自信的微笑和挺拔的身姿，能够瞬间提升他人对我们专业度和可靠性的评价。

除了外在形象，书中还着重强调了语言沟通和内在修养对个人形象的重要性。礼貌用语、清晰地表达、积极倾听，这些细节都能让我们在交流中展现出良好的素养。而内在修养，如真诚待人、尊重他人、具备同理心，更是塑造长久良好形象的基石。

《好形象就是生产力》这本书，白老师不仅从理论上阐述了个人形象的重要性，更提供了大量实用的方法和技巧，涵盖了服饰搭配、妆容打造、肢体语言训练、沟通技巧提升等多个方面，手把手教我们如何塑造完美个人形象。无论是初入职场的新人，还是在事业上寻求突破的资深人士，抑或渴望提升个人魅力的朋友，这本书都值得一读。相信读完后，你会对个人形象有全新的认识，并找到属于自己的形象提升之路，真正将好形象转化为人生发展的强大生产力。

——中国美发美容协会副会长　苏州市美容美发行业协会会长

孙骏飞

《好形象就是生产力》由桂林市形象礼仪协会会长白银锋女士倾力打造，是一部从内到外重塑个人魅力的实用指南。全书以“形象”为核心，既有理论深度，又充满实践智慧，为读者铺就一条从气质修炼到人生进阶的优雅之路。

作者以“松弛感”重塑气质修炼，用“减法美学”颠覆传统穿搭逻辑，从仪态细节到色彩搭配，从艺术审美到社交礼仪，每一章都渗透着对生活本质的洞察。此书有助于读者在日复一日的修炼中，逐渐绽放出独特的个人光彩，在提升外在形象的同时，深化内在修养，最终实现内外兼修，成就一个更加自信、从容的自我。

翻开这本书，如同开启一场与优雅的对话。它不仅教你如何“美”，更指引你如何“活”——用从容的姿态，在喧嚣世界中沉淀属于自己的光芒。

——作家　上海大学教授

苏　虹

重视形象，是爱自己的具象表达。《好形象就是生产力》打破“形象 = 外表”的认知，从仪态、谈吐到内在修养，助你打造独特个人魅力。

正如书中的观点“你有多重视美，你就有多美”，当你以主角姿态登场时，世界自然为你让路。你会发现效率飙升、信任翻倍、影响力拉满——好形象，就是无声的生产力！

——外滩企业家中心主理人

上海滩帆总

这是一本将外在仪态与内在修养深度融合的实用指南，书中既有形象塑造的底层拆解，还有作者独创的训练方法和跨场合的应用技巧，帮助读者打破刻板的审美，唤醒肢体语言的力量。适合每一位渴望通过得体形象放大职场竞争力和社交影响力的现代人阅读。

——老光私享 & 进化课堂创始人 《管理重启与突破》作者

王达峰（光哥）

本书是白银锋女士深耕礼学二十载的集大成之作，巧妙熔铸唐风典仪之雅韵与欧美社交准则之精粹，既可为职场新人提供系统的礼仪培训框架，亦可作为睡前滋养心灵的精致读本。

书中创新性地以神经科学解码“迪香式微笑”的真诚密码，多帧由作者亲摄的示范图鉴，彰显知行合一的治学匠心。作者以“漓江渔火”般的温暖笔触，既阐释商务谈判的位次玄机，更抚慰数字原住民的精神乡愁。这部兼具实用手册与美学读本双重特质的作品，恰似播撒在当代职业女性心田的文化种子，必将生长出贯通古今的礼仪智慧，助力每位创业者在数字浪潮中既保有唐风雅骨，又掌握现代社交密钥。

——上海诺天集团创始人

王秋晶

白银锋老师，专业、睿智、积极，浑身散发着魅力。她对形象的独特理解和执着追求，是常人难以企及的。

她说："三分靠长相，七分靠形象。"对此，我深表认同。一个人的形象，是人设的重要组成部分，是获得更多机会的助推器。

我认为，一个有强人设的人，要自己有结果、有体系，还能帮别人拿到结果。白老师在形象礼仪领域，就是这样一个有着强人设和巨大影响力的人。

她写的书，将专业化知识转化为生活化技巧，可以让你收获不一样的形象和人生！

——星辰教育创始人 & CEO　恒星联盟发起人

肖厂长

真正的气质，是内在丰盈的外显。白老师的这本书，对气质、魅力、穿搭、品位、沟通、礼仪的探讨既具人文温度，又充满科学洞见。作为礼仪培训师，我见证过无数人因姿态改变而重获新生。此书不仅是形象指南，更是一本唤醒女性力量的心灵之书。推荐每位女性将其置于案头，在细微处雕琢光芒。

——中华全国总工会文工团“礼仪中国”应用礼仪专家

沈阳体育学院副教授　杨　浏

作为深耕阅读领域八年的读书博主，我始终相信，形象力是无声的竞争力。白银锋老师用心理学、礼学和文化视角告诉我们，真正的美是得体、鲜活，与场域共生的智慧。

书中场景化的指导，可以瞬间代入职场、社交甚至相亲现场，最打动我的是，这本书不鼓吹“迎合标准”，而是教会我们如何用体态传递自信，用表情传递真诚，用手势传递力量。读完你会越来越相信：好形象不是表演，而是内心从容的外化。

如果你也渴望在职场中气场全开，在社交中游刃有余，在生活中活出优雅的松弛感，这本书就是你的私人形象顾问。翻开它，改变的不仅是姿态，更是你与世界对话的方式。

——《阅读是富养自己最好的方式》作者　读书博主

筝小钱

自　序

从认知到践行：我的形象礼仪之路

此刻正在翻阅这本书的你，是否会与我一样，偶尔回顾一下自己的成长之路？我们成长的道路上虽然有时荆棘密布，但更多的还是坦途，是阳光，是幸福。

我与大多数人一样，过着平凡的生活，有着再普通不过的人生轨迹。从初入职场到现在，我几经辗转，虽然谈不上阅历丰富，但也算略有小成。此时的我，已走在成为当初想要成为的自己的路上。

我经常对身边的人说："我觉得自己真的好幸运。"

因为这一路走来，我得到了许多人的帮助和鼓励。他们教会了我职场规则、如何规避社交陷阱，还教会了我如何在沟通中既能保护自己，又能为对方创造价值。

我时常在想，如果早几年能获得这些宝贵的帮助和智慧，或许会走得更远。

如今，我看到众多高校学生因形象问题被用人单位拒之门外，职场人士因缺乏礼学文化的赋能而晋升受阻，还有许多妈妈因沟通能力不足导致与孩子之间产生误解甚至酿成悲剧……这些例子或相关新闻，都会让我感到特别难过。作为礼学专业的从业者和传播者，我时常在思考：我能为他们做些什么？

直到有一天，一位朋友建议我写一本关于形象和礼学的书。说实话，我一开始是拒绝的。在我的认知里，只有成功人士才能写书，我又有何德何能呢？

然而朋友的一句话让我改变了想法："书籍是作者与读者之间的桥梁，著书立说并非成功人士的'专利'。"这句话深深地打动了我。我自己也是一个爱读书的人，每每读到一本好书，内心都会受到触动。我想，那些曾令我获益的好理论、好方法，以及我的经验、思考和感悟，如果能通过一本书传递给有需要的读者，未尝不是一件好事！

于是，我开始整理过往工作和生活的点滴，构思这本书。无数个日夜，我都在思考：这将会是一本什么样的书？是专注于提升形象的指导手册，还是概念性强的成长启发类读物？

最终，我迫切地期望自己能够创作出一本将专业知识转化为生活技巧的生活指南。

我想象着，通过这本书，高校学生能更早地学习形象管理，更好地认知自我，从而更顺利地拿到心仪的offer（录用通知书）；职场人士能明确自己的职场身份，知进退、懂分寸、守礼仪，因而赢得赏识，得到快速晋升；妈妈们能掌握沟通技巧，打破与伴侣和孩子间的沟通壁垒，享受爱与幸福。

更重要的是，我想给读者朋友们传递一个更为本质且重要的美学理念——好形象胜过好长相。

好的形象，是我们在社会中行走的“通行证”。形象的塑造具有复杂性和多样性，它不仅关乎外貌、穿着，更与我们的言谈举止、内在修养紧密相连。长相是天生的，我们无从选择也无法改变，但形象却可以通过后天努力和学习去塑造和提升。换句话说，三分靠长相，七分靠形象。

我相信，只有当内在修养和外在形象达到和谐统一时，我们才能散发出迷人的魅力，才能在人群中脱颖而出。我希望通过这本书，激励更多的人关注自身形象，提升内在气质，成为更好的自己。

愿正在阅读这本书的你，能在字里行间得到满满的收获；更愿你在未来的日子里，以更加自信、优雅的形象，迎接每一个挑战，把握每一个机遇，拥有更灿烂的未来。

白银锋

2025 年 7 月于杭州

CONTENTS

目录

第三章

穿搭 · 永不过时的黄金时尚法则

3

4

第四章

品位 · 生活的目标不是奢侈，而是美好

5

第五章

沟通 · 用你的表达，让人“如沐春风”

第六章

礼仪 · 做一个有理有派且优雅的人

6

气质优雅之人，并非天生优雅，
而是靠后天努力修炼。

1

第一章

气质·感受灵魂散发的香气

气质的误区

在这个快速变化的时代，时尚潮流瞬息万变，然而，有一种魅力却能历久弥新，那就是——气质。

气质，是一个人相对稳定的个性特点和风格气度，是每个人独有的"味道"。

世间鲜花林林总总，总会吐露各自的芬芳。即便是同一种花，在不同的时间开放，散发出的香气也略有差异。

气质之于人，正如香气之于鲜花，价值非凡。无气质不美丽，一个人只有具备良好的气质，其美丽才能真正展现。

人人都想变美，却苦于找不到方法。有人仅仅追求外在美，刻意修饰外表，结果外表做到了光鲜亮丽，但是一旦开口说话，苦心经营的外在美顷刻间就会消失殆尽。

之所以出现这种情况，很大程度上是因为他忽略了修炼内在的气质。一个人的举止谈吐，就是其内在气质的体现。

对气质的认知误区

“气质”这个词，我们都很熟悉，但对它的理解却常常存在一些误区。

误区一：气质是天生的，后天无法改变

我曾听有人说：“气质是天生的，后天无法改变。”其实不然，**气质优雅之人，并非天生优雅，而是靠后天努力修炼。**气质涵盖了一个人的内在品质、外在精神风貌，是每个人独特的美，需要通过修炼来不断培养。

误区二：美就是气质，气质就是美

也有人把美和气质混为一谈，认为美就是气质，气质就是美。这种观点忽略了两者之间的本质区别和内在联系。

美是气质的一种外在表现，但并非气质的全部。气质可以呈现出美，而美却无法完全展现气质。二者的本质区别在于，**气质是无形的，而美是有形的。**

有些人误以为“紧跟潮流”就是美，就是有气质。例如，受二次元文化的影响，一些女生选择“公主切”等发型来彰显气质。然而，潮流会过时，气质却不会。**新潮的服饰和发型只是外在的、有形的元素，而优雅的气质是内在的、无形的，永远不会消失。**

正如香奈儿女士所言："时尚易逝，风格永存。"

独特的气质，是一个人的独特风格。对于成长阶段的孩子来说，家长的耐心陪伴和正确引导至关重要。我们应给予孩子足够的空间去探索和成长，鼓励他们多阅读、多体验生活。同时，家长应注重培养孩子的内在美，通过多元化的方式帮助他们形成独特的审美品位，展现个人魅力。

误区三：沉稳是气质的唯一体现

许多人将沉稳视为气质的核心。诚然，性格沉稳、言行从容的人容易给人留下好印象，但沉稳并非气质的全部。刻意追求沉稳反而会显得不自然。例如，一个充满活力、善于调动气氛的人，可能看起来不够沉稳，但他并不张扬，也不会刻意抢占焦点，这种气质源于内心的涵养和对他人的尊重，远非"沉稳"二字所能概括。

误区四：为了独特而独特

气质是一个人由内而外散发的独特魅力。有些人为了追求独特而刻意标新立异，甚至与周围环境格格不入，这是对气质的误解。

我们可能一开始并不清楚自己最适合哪种气质，此时可以尝试借鉴他人：选择一个"心仪"的对象，模仿其穿着打扮和肢体语言，并在模仿中感受是否舒适。如果感到舒适，可以逐步靠近；如果不适，则需要重新寻找和调整。

气质虽应独特，但不能为了独特而刻意违背常规。我们应在模仿中遵循一定的规则和框架，通过后天培养找到属于自己的气质。这就是我们常说的“Become Yourself”（塑造自己），而非盲目追求“Be Yourself”（做你自己）。

误区五：气质一成不变

一个人的气质往往是多种特质的混合体，并会随着身份和环境的变化而调整。我们可以根据自己想成为什么样的人来塑造气质。

在家庭中，我希望成为有榜样力量的母亲，当孩子行为不当时，我会以理性的方式去沟通，而非大声地斥责；在职场中，我需要展现沉稳干练的形象，同时作为团队领导，我会避免过分强调权威，而是与团队成员保持亲近；在与朋友相处时，我会展现亲切感，让彼此感到轻松自在。

由此可见，气质并非一成不变，它可以根据不同情境灵活调整。我们每个人都可以成为更鲜活、更立体、更多元的自己。

对气质认知的几个阶段

对于气质的理解，很多女性都会经历这样几个阶段。

第一个阶段，追求自我，标新立异

在这个阶段，我们追求自我，喜欢穿着与众不同的服装，希望成为人群中的焦点。这是一个标新立异的阶段。

这种“出彩”往往具有两面性：一方面，会让你显得格格不入；另一方面，会吸引他人的注意，让他们觉得你与众不同。关键在于，你是否真正享受这种独特。

我也经历过这一阶段。那时，我特别喜欢穿姐姐的衣服，觉得既好看又能给人留下深刻印象。如今回想起来，当时的我身材圆润，面庞饱满，留着短发，眼睛眯成一条缝，穿着肥大的衣服，给人一种酷酷却与众不同的感觉。那时我认为，好不好看并不重要，重要的是与别人不一样。正因如此，我在学生时代有很多朋友，无论男生还是女生，他们都很喜欢和我一起玩，觉得我身上有一种独特的气质。

第二个阶段，模仿他人

气质的最初呈现，往往始于“刻意模仿”，但并非盲目模仿，而是一种有意识的自我塑造过程。它要求我们用心观察、精心雕琢，以匠人精神打造属于自己的独特气质。

在“刻意模仿”的过程中，我们不应简单地复制他人，而应学会从成功人士的优雅举止中汲取灵感，从经典风格中提炼精髓，从时尚趋势中把握方向。关键在于我们如何恰到好处地融合各种元素，打造出属于自己的独特气质。

在自我成长的过程中，我也曾刻意模仿那些有成就又令人感到舒适的成功女性。我会模仿荧屏上知性老师的笑容和行为，因为她们身上的优雅与智慧深深地吸引了我，而我也确信自己适合这样的风格。

经过日积月累，这种刻意模仿让我逐渐拥有了自己想要的气质。至今，我仍清晰地记得那段时期的“回馈”——在我担任职业造型讲师时，一位新生仅仅因为看到我路过，便决定报名我的课程，尽管我的班级已经满员，她仍对招生办的老师说：

我要报刚刚走过的那位老师的课！哪怕要加钱，哪怕要等，我也愿意！

她如此选择，正是因为她被我的自信、笑容和气质所吸引，希望自己未来也能拥有这样的魅力。

二十年后，这位当初青涩的学生已成为一位成功人士，在江苏拥有自己的美业集团，事业蒸蒸日上，气质出众。这正是“刻意模仿”带来的效果。

“刻意模仿”的本质是再创造，在深刻理解原貌的基础上，结合个人特质进行创新。每个人都是独一无二的，因此每个人都有潜力展现出与众不同的气质。

我也邀请你加入“刻意模仿”的行列，这不仅是为了提升气质，更是为了拥抱一种“精益求精”的生活态度。让我们一起开启属于你的气质升华之旅，让你的每一步都充满自信和从容，让你拥有独特魅力，在人群中脱颖而出。你的改变，让我们一同见证。

第三个阶段，重视他人的反馈

我有一个习惯，化妆后会对着镜子微笑。这原本是我无意识的一个动作，直到一位朋友告诉我：

你有一个特别之处，就是每次化妆后都会对着镜子“傻笑”，那个笑容蛮好看的。

那次对话之后，我开始留心自己的这个习惯，并意识到它是我的一种特质，是我自身的特点，而我之前并未察觉到。

后来，我发现自己还有很多未被留意的特点，比如语言表达的方式，交谈时注重他人的感受等。这些细节在他人眼中，正是我独特气质的体现。

别人的印象里“藏”着你独特的气质，你很可能气质绝佳而不自知。

在人际交往中，我们可以通过他人的正向反馈，来获得更多的愉悦感。从自我取悦到关注他人，再到成为更好的自己，这是一个不断调整和完善的过程。

在这一阶段，我们需要多倾听内心的声音，做到内在与外在的和谐。自我关爱是实现这一和谐的关键。例如，我经常与儿子交流，告诉他我们要爱惜自己的身体，晚上睡觉时要告诉自己身体需要休息了，因为第二天我们需要以更好的状态迎接挑战。

重视反馈，是一个人理解气质、培养气质的关键。只有不断地倾听他人、审视自己，才能培养出既独特又优秀的气质。

气质具有深远的意义

气质对每个人都有着重要的价值，主要体现在以下两个方面：

第一，气质是一个人的社交名片

气质具有社交属性，好气质更容易给别人留下好印象。这种印象远比长相、装扮或服饰等来得更直接，也更深刻。

过去，人们常认为美丽的外表是人际交往的第一张名片。很多人追求“颜值经济”，认为只要外貌出众，肯定会给人留下好印象。然而，在当今时代，帅哥美女已经不再稀缺，化妆或者科技都能让外貌更加美丽，但气质却无法通过这些获得。即使你的外貌有 9 分，若气质只有 1 分，那么综合评分可能只有 5 分；相反，若外貌只有 6 分，但气质有 10 分，综合评分则会达到 8 分甚至更高。

因此，我们应更注重气质的培养，而非过分追求外貌的修饰。气质是无形的，一个人的美，很多时候是由无形的特质决定的。正如孔子所言：以貌取人，失之子羽。

气质好，会显著提升你的社交影响力。不仅能吸引他人向你靠近，还能使你更容易获得优质资源。

第二，气质是一个人社交能力的体现

气质出众的人，往往拥有更强的社交能力。

我们内心都有一把尺子，衡量哪些事情可以做，哪些事情不能做。这种内在的准则，塑造了我们独特的气质。

在社交活动中，善于社交的人通常气质更好、内在更丰盈，他们能敏锐地察觉他人的心理状态和情绪变化，并适当地调整自己。我们无须刻意改变他人，通过改变自己就可以影响他人，当人们感受到我们的变化，觉得与我们相处更舒适时，他们也会不自觉地调整自己的行为，如坐姿、音量等，进而提升自身的气质。

在你的生活中，气质起到了哪些关键作用呢？你对气质的理解又是怎样的？

如何定义属于自己的气质类型

在不同的学科中，气质被划分为多种类型。比如，医学上分为胆汁型、黏液型等；心理学上分为忧郁型、开朗型等；形象学上分为少女型、少男型、御姐型等。

然而，这些分类相对比较刻板，脱离了具体场景和人们对自我的要求，若仅按照这些分类去理解气质，我们的认知容易固化，进而影响对自身的判断，也不利于气质的培养。

我们该如何定义自己的气质？

定义气质的依据就是身份。在人生的舞台上，每个人都是演员，我们每天都在“扮演”着属于自己的角色。身份的多样性决定了气质的多样性，因此，每个人的气质不是单一的，也不是一成不变的。

例如，在家里，我们的身份是“母亲”，此时的气质会偏向贤惠、温暖和慈爱，一言一行都力求成为孩子的榜样；在职场中，我们的身份是“团队管理者”，气质则需要体现职业化、专业化，展现出干练、从容、温柔而不失霸气的特质。

气质的表现

有美感不一定有气质，但有气质一定有美感。一个有气质的人，无论从哪个角度看，观感都不会太差。然而有些人的美感可能只是表面的，当我们从另一个角度观察时，就会因为某些细节而产生不好的观感，比如驼背、斜肩的习惯，或不雅的谈吐等。

那么，气质可以从哪些方面表现出来呢？

涵养和道德底线

一个人的涵养体现在其对情绪的控制能力和对他人的尊重上。道德底线则是一个人行为的基本准则，它帮助我们明确什么该做、什么不该做。

学识修养

一个人的学识修养，不仅仅是知识的积累，更是思考问题深度和广度的体现。一个有学识、有修养的人，能够看清事物的本质，从而理性分析问题，并提出独到的见解。

审美观

审美观是一个人对美的独特理解和追求，它不仅让我们能够欣赏到生活中的美好，还能帮助我们创造出赏心悦目的艺术和环境。

现场的自我调节能力

现场的自我调节能力指一个人在社交场合中，能够根据环境和他人的情绪变化，灵活调整自己的言行，体现了一个人的应变能力和情商。在聊天时，如果对方的关注度降低，一个具备该能力的人会及时感知并调整话题，或适时结束对话，以保持互动的舒适感。

许多人误以为气质是对人评价中排在最后的一项。例如，一个女性可以很美、可爱、温柔，只有找不到其他优点时，才会说她“有气质”。事实上，做到“有气质”是有难度的，因为独特的气质往往源于个人的特别之处，非刻意为之就能见效。

气质不应被任何类型所定义，每种类型都有其独特之处。而且人的气质具有综合性的特点，比如稳重而不失活力、温柔而不失坚定等。

若一位女性在日常生活中非常温柔，但在面对原则性问题时，又能展现出坚定的态度，这种刚柔并济的特质，正是她独特气质的体现。

如何快速找到适合自己的气质

我们该如何快速找到适合自己的气质呢？在这里，我给大家四点建议。

第一点，明确自己想成为什么样的人

相信榜样的力量，先明确自己想成为一个什么样的人，然后寻找与之契合的榜样，并模仿他们的言行举止。

第二点，确定榜样的正向标签

你的榜样在理想状态下，应该有哪些正向的标签？例如，优雅、自信、智慧等。当你确定这些标签后，进一步细化它们在不同场合中的具体要求。

第三点，按照目标，分阶段去实现

确定你的目标，制订相应的计划，并且按照计划去执行，分阶段地实现既定的目标。在计划执行的过程中，要不断地进行微调和优化，以便更快更好地实现目标。

第四点，注重正面反馈

注重他人对你的正面反馈，无论你在做什么，不要总盯着不足之处，而应该关注做得好的部分，并强化它们。这样，当别人认为你做得好的时候，你就会感到更加愉悦。

有些人可能会担心，过多关注他人的反馈、按照反馈去调整自己会失去自我。事实上，所有的反馈都是基于你展现真实自我而得到的。听取正面反馈，你可以更好地强化自己的优点，从而更接近理想的自我。

做好这四点，你会发现自己越来越接近真正的自我，并找到适合自己的气质。你要注意，气质的培养是一个漫长的过程，需要时间和耐心，慢慢滋养，让你的气质自然地开花、结果。

不同场合下切换自己的气质

气质真的可以改变吗？答案是肯定的。在不同的场合，我们需要明确自己需要做什么、不需要做什么，才能自然地调整气质。

我能在不同的场合快速切换气质。例如，送孩子上学时，我会变得温柔，可以完全不谈工作；而在职场中，我则会展现出干练和专业的一面。

有些朋友可能还不能很好地做到这一点，因为他们总是试图成为“多面手”，希望每时每刻都展现出最好的自己。事实上，没有人能做到完美无缺，关键在于学会摒弃一些固化的观念，灵活应对不同的情境。

例如，在课堂上，当学员提出的问题我无法回答时，我会直接承认我不知道。因为每个老师都有知识盲区。但我会告诉他：

如果我找到了答案，会第一时间告诉你。

这种坦诚不仅不会弱化我的专业形象，反而会让人觉得我真实可信。我之所以能够自如切换气质，并非因为自律，而是在做减法，适当让大脑休息。当你学会给自己做减法时，你也可以做到这样。

之前，大家常夸我有气质，说我干练，是个女强人。如今，大家则会撕掉给我贴的固定标签，对我的评价更为立体。

例如，有人会说：

白老师，你这种平时看不到的温柔，让人很喜欢；没想到在这种高强度的工作下，你还能保持如此温柔的气质。

还有人会说：

白老师，你笑起来真好看。

许多人会认为，从事礼学或礼仪方面工作的人，都很擅长"职业假笑"。但他们都觉得我的笑容很真实，很有感染力。其实，这就是因为我会根据不同的场合，去切换自己的气质。

我所说的场合，并非单一的场景，而是不同的情境。例如，"课堂"这个场合，会包含很多情境，我不会保持单一的气质，而是时而严肃，时而温婉，时而活泼，时而沉默。

针对切换自身气质的方式，我想给大家三点建议。

第一，凡事都要有准备

我想在出差的时候展现更专业的自己，就会提前安排好家里的事务，以便集中精力来处理这几天的工作。在出差前，我会让儿子制订计划，并为每个计划设定一个类似游戏关卡的目标。

我会和孩子说：

在出差的这段时间里，我可能不能经常关注你，你要怎么做呢？

他回答说：

每天睡觉前，我会把计划完成的情况发给您。

出发前，他会问我：

妈妈，上飞机前，您能告诉我该做什么吗？

这样我就不需要花费太多精力，只需要关注他的基本需求即可。

《礼记·中庸》有言："凡事预则立，不预则废。"无论做什么事，事先有准备才能成功，否则就会失败。只有充分准备，才能更好地实现自我切换。

我清楚地知道，在出差的这几天里，我要成为什么样的人。于是，我会给自己贴上更多标签，以符合各个场景的需要，反之，我的气质切换可能就不会顺利。

第二，提升自己的应变能力

要想提升应变能力，就必须不断实践，在实践中不断锻炼提高自己。

我曾举办过一场大型活动。有人会说："凭经验，以前怎么做，这次还怎么做就行了。”但我告诉大家，做任何活动，都应该摒弃过去的经验，我们要以“第一次做事”的心态全力以赴，因为我们无法掌控所有情况。当我们以“第一次”的心态去做事时，神经是紧绷的，知道每个环节该做什么，哪里不能出错。即使出错了，我们也会有相应的预案。

很多时候，即使前一件事已经让我们筋疲力尽，但后面还有一个会议等着，我们就必须立即调整状态。切换气质也是如此，这种能力并非与生俱来，而是通过多做、多练、多体会来培养。

第三，培养自己的信念

每种状态都有相应的表现，每种气质和在场景中的表现都会有几个关键词。抓住这些关键词，并形成习惯，这些表现也会逐渐反哺你的气质。

在餐桌上，关键词可能是座次排序，碰杯位置，倒茶水位的高低等细节。当你进入“餐饮聚会”场景时，脑海中会立刻浮现这些关键词，并明确其要求。这些关键词会指导并影响你的行为举止和气质表现。

其他场景也是如此，如果你能将所有表现与这些关键词联系起来，就能在不同场合中自如地切换气质。

运用这些关键词来涵养气质，也是培养信念的过程。我们应该把这些外化的表现，内化为我们的信念，并坚守。以餐饮聚会为例，这些表现背后的核心就是尊重——尊重自己、尊重他人、尊重传统、尊重礼仪。

《论语》中说："不迁怒，不贰过。""不迁怒"是指我们可以生气，但不要把这种情绪转移到其他人身上；"不贰过"是指一个人可以犯错，但不要犯同样的错。

如果我们能够遵循"不迁怒，不贰过"这个原则和心法来修炼自我，培养自己的气质，不迁怒于他人，不犯同样的错误，我们往日那些不妥的行为就会得到矫正，我们独特的气质也会得以展现。

如果想有更深的体会，不妨想一想：你在哪些场景中觉得自己的表现不够好？如果重回当时，你会怎么做？

如何保持松弛感

松弛感是气质的一种自然状态，也是一种毫不费力、无须雕饰的状态。它具体体现为明确什么该做，什么不该做。这就要求我们内心有一把“尺子”，用它来衡量我们做事的尺度，既不能“过”，也不能“不及”，要恰到好处。

松弛感的重要性

有些人在面对棘手的情况时，会过度紧张、焦虑，表现为注意力不集中，神情忧郁，甚至语无伦次或者暴跳如雷。在他人看来，这种状态完全失去了气质和风度。他们对结果缺乏信心，因此很难保持松弛感。

当一件事情发生后，我们要先分析最坏的情况，剖析原因，问问自己："我能否兜得住？"如果能，即使在解决问题的过程中犯点错也没关系。这样就能逐渐营造出一种松弛感，而不是让自己陷入持续的焦虑中。

你要明白，当你感觉焦虑、有心无力的时候，适当放手或许是更好的解决方案，一味焦虑可能会让情况变得更糟糕。慢一点，从容一点，你会活得更轻松，状态更松弛，气质也会更真实更自然。

我有一位在银行工作的朋友，她的孩子上初中，成绩很好，但是后来孩子喜欢上了二次元，喜欢玩角色扮演。她担心这些爱好会影响学习，便禁止孩子继续接触。然而，孩子对妈妈的做法非常抵触，反而行为越发失控。这位朋友变得很焦虑，甚至在上班时都在思考如何解决孩子的问题。

后来，她向我寻求建议，我指出了问题的关键，就是"缺乏松弛感"。我对她说：

你缺乏松弛感，因为你没有把握清楚人际关系的那份界限感，你和孩子之间也要有清晰的边界。

首先，你要记住，这是孩子的问题，不是你的问题，孩子的兴趣需要被尊重。

其次，你要意识到，在所有的关系中，只有对方先认同你，你才能影响他。当你站在孩子的对立面时，只会让孩子更加远离你。

最后，你需要回到你能掌控的部分。所有的焦虑都源于你把注意力放在不可掌控的部分。当你把注意力放在可掌控的部分时，你的状态就会改变。先走近孩子，再接纳孩子，最后引导孩子，做好这些就够了。

慢慢地，这位妈妈找到了松弛感，与孩子的关系得到了改善，自身的气质也有了好的变化。

气质与松弛感相辅相成

有松弛感的人必定有气质，而且比那些只注重外表的人更有内在魅力。因为松弛感源于一个人对大局的把控，这样的人往往更加平和、淡定与从容。

具备松弛感的人，会散发出一种天然的魅力，吸引他人与自己建立连接。与这样的人交流时，你的内心是愉悦的，状态是轻松的，整体氛围是和谐的。这种松弛感形成的独特气质，给人以美的享受。

从某种程度上说，如果一个人缺乏松弛感，他的内心往往会相对焦虑，对外界充满警惕。他的气质会显得刻板、固化，也不容易让人靠近。

而具备松弛感的人，对自己和周围的事物、环境，都有比较强的掌控能力，对结果没有过强的执念，这种状态就会给人留下淡定且从容的美好印象，让人自然而然地被吸引。

比如桌子上的物品，看似凌乱，但你想找什么时，一下子就能拿到——这就是松弛感的一种体现。毕竟，每个人都有自己的习惯。整整齐齐挺好，随意摆放也不错，只要符合你的习惯和喜好，不脏乱、不冗余，就很好。有时候，参差不齐也是一种美。

保持松弛感要分场合

松弛感固然有助于培养一个人的气质，但也并非所有场合都适合保持松弛感，在某些场合，我们甚至要规避松弛感。

例如，在安排会务座次时，我们需要确定参会人员的姓名、性别、民族、年龄、喜好，现任领导和前任领导的顺序等细节，确保万无一失。如果出现差错，则可能影响会议进程。此时，我们需要根据场合切换气质，做到严谨细致、全神贯注，而不是以散漫姿态随意应付。

再比如，在接待过程中，如果领导没有特别严格的要求，适度的松弛感会让对方感到舒适。但如果领导非常讲原则，我们就不能表现出任何松弛感，以免给对方留下“散漫”的印象。

在商务谈判中，松弛感也不可取。我们需要明确彼此的立场和要求，同时照顾对方的感受。此时，坚持原则、守住底线、友好沟通才应该是我们的行事风范；职业、专业、高效、专注的气质才符合情境。此外，我们还需要清楚在哪个环节必须占据主动，一旦出现僵局，该如何调整角色和状态。

松弛感与职业性质也密切相关。创意性工作需要保持松弛感，需要发散性思维和天马行空的想象。如果过于拘谨，反而不利于创意的产生。但如果你是程序员，则需要以严谨的态度，专注于每一串代码的设计，不能有丝毫懈怠。此时若过于松弛，可能会酿成大错。

松弛感如此重要，我们该如何培养呢？我建议从以下几个方面入手。

练习微笑

俗话说：“笑一笑，十年少。”微笑不仅能让自己放松，也能传递温暖和喜悦，让他人更愿意与你沟通。

练习微笑时，我有一个小技巧：想象面前有一个可爱的孩子。一想到这个孩子，我的心就会变得柔软，笑容也会自然而然地流露出来。这种柔软能让我放松身心，让我的焦虑得到缓解。

微笑是一种态度、一种接纳，甚至是一种享受、一种喜悦。爱笑也是热爱生活的表现。如果连对自己都笑不出来，说明情绪已经非常糟糕了。连自己都无法面对，又如何面对他人呢？

因此，无论你身处何种环境，心情多么低落，都要学会坦然微笑，勇敢面对。每天对着镜子笑一笑，心情会豁然开朗，思维也会更加清晰，即使再难的问题，也能找到解决的办法。这也是松弛感的一种体现。

深呼吸

深呼吸是保持松弛感的有效方法，简单、便捷且高效，几乎不受时间和场合的限制。无论是候车、走路、上台表演前，还是入睡前，都可以通过深呼吸放松身心。

深呼吸时，身体会吸入大量氧气，提高血液中的氧含量，从而缓解疲劳，使身心放松。

找人倾诉

遇到难以处理的事情时，我会尝试深呼吸来平复情绪，如果深呼吸仍无法缓解压力，我会选择找人倾诉。

我倾诉的对象主要分为两种：一种是“重要的人”，他们的反馈会影响你的决策；另一种是“不重要的人”，他们的反馈你无须在意，倾诉只是为了发泄情绪。

我会根据事情的重要性来选择倾诉对象。如果是重要的事情，我会找“重要的人”倾诉；如果只是感到迷茫或焦虑，我会找“不重要的人”抱怨。

讲原则

原则是我们安身立命、为人处世的基石，只有讲原则，我们才能在原则允许的范围内保持适度的松弛感。

许多朋友认为我很有原则，清楚哪些事可以做、哪些事不可以做。比如我不去酒吧，非必要情况也不在深夜外出等。

“不喝酒”也是我的原则之一。从工作至今，我滴酒未沾，即使在应酬或社交场合，也始终坚持这一原则。对此，我特别感谢那些包容和支持我的朋友和客户。

有人可能会问："席面文化是社交的重要手段，饮酒更是礼仪的一部分。作为礼仪传播者，你怎么能不喝酒呢？"事实上，如今的社交越来越包容，只要心意和礼节到位，同样能表达尊重，未必非要"一切尽在酒中"。

讲原则不仅对自身重要，对维系人际关系也至关重要。这些原则是你的底线，是保持松弛感的关键。通过坚守原则，我们可以形成自己的风格，培养独特的气质。

原则背后透露出来的，实际上是你所坚守的品质，正是这些品质，才成就了你独一无二的气质。这些原则的形成，很大程度上与一个人成长的环境有关。

我的父亲只上过三年私塾，文化水平不高，但他非常讲原则。他曾对我说过这样一句话：

别人给了你一把花生米，你就要还给人家一担花生米。

这是他的处世原则，也体现了他的价值观。父亲的教育，对我影响至深。耳濡目染中，我也形成了自己的价值观，确立了自己的原则。

人生在世，不可能事事如意。只要我们坚持原则，尽力而为，让大多数人受益，就足够了。

那么，你是否足够了解自己？在行动中，你是否能始终坚持自己的原则呢？

如何做好气质的修养

内在丰盈才是最高贵的气质

女性的气质形象，不仅仅是外在的展现，更是由内而外散发出的平静力量。

明代学者吕坤在《呻吟语》中提到“静治为学百病”。当今工作生活节奏快，我们面临诸多挑战，这时便需要静下心来，逐一拆解难题。因此，“静”并非外在的表现，而是内心的一种平稳、松弛的美好状态。

在传统文化中，男性为阳为乾，女性为阴为坤。尽管时代变迁，社会环境对女性的形象与精神有了新的定义，但人们对美的感受与向往始终不变。

如果说男性需要展现的是风度、宽容、刚毅和坚韧，那么女性则要守住那一份静气，这才是真正贵气的来源。

诚然，质地优良的衣物、经典款手提包、璀璨的首饰，加上精致的妆容，确实能短暂吸引人的眼球，但这种“吸引”往往转瞬即逝。你能否在人群中脱颖而出，最终取决于你由内而外散发的魅力。

我并不否认饰品的作用。做工精良的饰品，确实能为气质加分，但我不建议堆砌饰品，而是要恰到好处地佩戴。

例如，有的女性全身戴满饰品：头戴发簪，耳戴耳环，颈戴项链，衣别胸针，腕戴手表，手指还戴着好几枚戒指。她们以为这样能体现优雅与尊贵，但事实恰恰相反，过多的装饰反而与优雅、高贵的气质背道而驰。

从某种程度上说，气质与外貌、妆容、服饰、年龄无关，唯一相关的，是你的内心。内心丰盈的人，浑身散发着迷人的气质，即使身着荆钗布裙，也自带光芒。

如何提升自己的修养

充实内心、提升修养，主要有以下四种方式：

一是挖掘自己的爱好

通过挖掘自己的爱好，我们会发现，一个有独特爱好的人，内心往往是丰盈的，对自己也充满自信。当他做自己喜欢的事情时，内心会感到无比快乐，充满激情，从而展现出热情、乐观、轻松、愉悦的气质。

我的爱好是练瑜伽。通过瑜伽，我可以调整呼吸，让内心平静下来。同时，瑜伽也能帮助我更好地管理形体。

爱好非常重要，就像我的一位金融界朋友，工作之余喜欢阅读和配音。她的音色独特，作品上传到平台后广受喜爱，这让她感到开心且充满成就感，同时也成为她解压的一种方式。

二是尝试提高社交能力

社交能力能极大地提升一个人的自信心。通过与不同的人交往，我们可以看到不同的人生和经历，借助他人的经验来反思自己。社交能力的提升会让我们活得更轻松、平和，人生的幸福感也会随之增加。

具体而言，社交能力有助于我们更好地把握边界感。在与他人交往的过程中，我们应该学会做自己，驾驭不同社交场合，应对不同事务，与形形色色的人打交道。这个过程会进一步强化我们的信念和原则，让我们学会接纳与拒绝。

提升社交能力还有一个关键点，就是区分有效社交和无效社交。有效社交能为你提供情绪价值或物质价值；而无效社交则无法提供任何价值，反而会消耗你的精力和心力，对气质的培养毫无益处。

我们主动进行有效社交，是自我探索和提升的过程，而被无效社交占据时间，只会让人感到疲惫，对自身的气质培养也无利。

三是培养自己的审美

气质与审美能力密切相关。平时注重审美能力的培养，气质也会随之提升，甚至会有很大的突破。音乐、美术、舞蹈等艺术形式，为我们提供了多样化的审美路径，让我们从中获得美的滋养。

当然，提高审美能力并不是一定要学习绘画、舞蹈或某种乐器，而是学会从多元的艺术形式中发现美，培养发现美的能力。

例如，面对一幅优秀的画作，我们不必模仿画家的技法，只需要体会画作的意境和情感；聆听音乐时，我们可以欣赏动人的旋律，感受节奏的美感，体会演奏者的情感和音乐营造的意境。

每一个打动人心的线条、色彩、音符、结构、旋律，背后都有其内在的美学标准。正是这些标准，让它们能够打动人心。一个人审美能力的提升，必然会带来其气质的提升。

每个人都喜欢美，但对美的理解各不相同。因此，我们不仅要培养自己的审美能力，还要坚守自己的审美原则，同时尽可能符合大众的审美标准。

四是热爱生活，保持热情

幸福的生活源于对生活的热爱，气质也是如此。一个人对生活充满热情，做事富有激情，心理状态就会更加积极、阳光、温暖，浑身散发着优雅迷人的气质。

我有一位朋友，虽然已经退休，但依然保持着较好的体态和健康的气色。她很少化妆，但皮肤保养得很好；不追求名牌，却总是穿着得体。她的眼神散发出的光芒，深深吸引着身边的人。

我常思考，她是如何达到这种状态的，后来发现，无论做什么事情，她都像第一次做一样，投入全部的热情。正是因为她热爱生活，对任何事情都保持激情，才拥有了这样的气质。她积极的生活态度，值得我们尊重。

彰显气质如何不伤害别人

如果你担心在彰显气质时会伤害他人，可以适当“露拙”，尤其是在重要场合。

我外出授课时，习惯带两套服装以备不时之需。有一次，我到达授课现场后，一位领导问我：

你明天穿什么衣服？

我跟她关系很好，便直接回答说：

一套蓝色套装。

她说：

我可以看一下吗？

看过我的服装照片后，她说：

我明天原本也想穿一件蓝色的衣服，你帮我看看合不合适。

看了之后我说：

很合适，很好看，很符合你的气质。

紧接着，她说：

既然你穿蓝色，那我就换一件吧。明天你上课，你应该是最闪耀的。

当时我并未多想。直到我们快要分开时，我才反应过来，对她说：

我想起来了，那套蓝色衣服还没熨，明天可能穿不了。

她问我：

是吗？那你在酒店熨一下呢？

我回答：

来不及了，我也好困，还是穿另一套吧。

第二天，她穿上了那件蓝色衣服，成了全场的焦点。之后，她为我推荐了更多的资源。

对我来说，穿哪套衣服并无太大区别，只是颜色不同而已。而适当“露拙”，不仅能拉近彼此的距离，还能让别人更加喜欢你。

家风和个人气质成正比

家庭氛围越融洽，家风越好，个人气质就会越出众。

对于孩子来说，如果内心荒芜，随便一个人的话都可能被他当作真理。这就像在他心里种下一颗坏种子，将来可能长成一堆杂草。相反，如果父母从小给予孩子正确的价值观，就会在他心里埋下一颗美好的种子，未来长成枝繁叶茂的参天大树。

我儿子做得就很好。例如，那个让他觉得特别有意义的“六一”儿童节。

那天，他在商场里捡到了一些钱。我问他：

你想怎么处理？

他说：

肯定要还给失主。这个钱可能是老人家或小朋友丢的，他们很需要。

我说：

那我们具体要怎么做呢？

他说：

我们等一等吧。

过了许久，见没人来找，他说：

妈妈，我们不能一直等下去，是不是可以去服务台？

我回答：

不是所有的服务台都愿意去处理这种事。

他又说：

那交给老师吧。

我说：

老师的工作已经很忙了，而且这不是在学校发生的。要不我们再等十分钟？

这十分钟里，他又问：

妈妈，我们怎么确定来找钱的人就是失主呢？

我说：

妈妈相信你能想到办法。

他想了一会儿，说：

我数一数这些钱的数目。

他数了几遍，每次结果都不一样。

我告诉他：

先不用数，等失主来了再数。

后来，一个小朋友来找钱，他当着小朋友的面数了一遍，确认数额正确后，把钱还给了对方。

儿子拾金不昧虽是小事，但他的一言一行，都让我看到了他内心的善和积极的思考。**父母的教养，就是最好的家风。因为榜样的力量是无穷的，孩子的健康成长，需要父母的耐心和陪伴。**

之所以强调家风的影响，是因为家风是一个人做事的原则。在培养气质的过程中，坚持原则至关重要，这是我们每个人气质的底色。

你是如何修养自己的气质呢？在修养气质的过程中，你遇到了哪些问题，又是如何解决的呢？

由内而外地爱自己，拥有独一无二的气质

气质，靠内在修炼

培养好的气质，要从内在修炼开始。

判断内在修炼的标准之一，是知识量。“知识就是力量”这一观点大家耳熟能详，放在气质培养中同样适用。我们可以从知识中萃取气质的内涵，涵养自己，提升自己。

每个人都应不断学习。只有持续学习，才能让我们的内在知识库丰富并不断更新，从而适应快节奏的生活。

那么，该学习哪些内容呢？我给大家三点建议。

一是多读历史书

历史能让我们的心态更加沉稳平和，拓宽我们的视野，提升

我们的格局，使我们看问题更全面、更透彻。从历史典故中，我们可以获得处理事情的经验方法。

事实上，我们今天遇到的许多问题，历史早已给出答案，只是形式不同。正如马克·吐温所说："历史不会重复，但总押着同样的韵脚。"因此，一定要多读历史书，并做到古为今用。

二是多读传统文学书

阅读传统文学，我们可以学习古人的智慧，提升认知水平。许多文人身上的家国情怀和高贵品质，都激励着后人。阅读优秀文学作品，还能提升审美能力，滋养气质。

三是在经历中学习

多经历，不怕犯错，敢于承担责任，是在经历中学习的最佳方式。作为独立的个体，每个人都要先学会承担责任，再去犯错，这样才能不断成长。

敢于承担责任，意味着我们愿意变得更好，犯错也是难得的机会，能帮助我们成长。

哪些方面可以体现内在气质

第一，看衣识人

我们常听到"衣品"这个词，也就是一个人着装的品位。

衣品见人品，一个人的穿衣风格，能体现他的内在修养，甚

至可以大致推测出他的内心世界。

穿得休闲的人，往往活泼、随和；穿得沉稳的人，往往内敛，甚至带有些许忧郁气质；如果一个人穿得浮夸，身上佩戴五颜六色的饰品，像圣诞树一样，说明他急于证明自己，但尚未找到合适的方式，或希望引起他人关注；如果一个人穿得简洁、不张扬，说明他性格稳定、内心平和，或经历了岁月沉淀，能够处变不惊。

想体现专业感和沉稳感，可以从以下几方面入手。

颜色：选择黑色、灰色、深蓝色等沉静的色彩。

面料：选择质地挺括、穿着舒适的材质。

剪裁：选择直线条或简练的曲线条。

穿得是否好看不是重点，是否得体才是关键。在不同场合的穿着妥帖与否，能反映一个人的内在修养。

举个例子：一位容貌姣好的女孩去面试文员岗位。她的发型精致，身穿一套昂贵的服装，面料和色彩都很得体。唯一欠缺的是，她佩戴了珍珠项链和耳环。

这样的饰品并不适合文员岗位，且与她的年龄不符，难以给面试官留下好印象。

穿搭只是外在形式，内在修养才是底层支撑。内在修养不足时，容易忽略尺度和标准。只有具备足够的内在修养，才能形成良好的判断力。

第二，行为语言

一个人的行为语言包括很多细节，比如面部表情、眼神以及手势等。

行为语言往往比口头语言更有影响力，与人交往的过程中，一举手，一投足，都会给人留下难忘的印象。

行为语言体现了一个人的教养、风度、气质，同样需要我们重视。

怎样缓解情绪压力

如果一位女性被压力困扰，她的气质和心理可能会受到影响。因此，女性需要学会调节情绪，提高心理素质，缓解压力。

我姐姐各方面都很出色，大家都认为她是女强人。但在她的内心住着一个“小女孩”，渴望被关注、被爱护。

她曾因情绪问题导致背部和腰部不适，这些病痛并非源于生活习惯，而是来自精神压力。她内心渴望被关注和照顾，希望找个人倾诉。对她来说，我是一个很好的倾听者。倾诉后，她会感到放松。

而我又不仅仅是一个倾听者，还能与她交流、分享，并提供建议。我会向她讲述我面临的棘手问题，以及我的解决方法。交流后，她会有所启发，重新梳理自己的问题，调整接下来的行动，更重要的是，能更好地关注自己的需求。

我们生命中的许多事情，无论是身体的还是其他方面的经历，都是在提醒我们，当观念转变了，很多事情也会随之改变。

无论遇到什么，我们都应学会爱自己。爱自己，能减少家人的烦恼，让关心我们的人放心。明白这一点，你就能正确面对一切问题，哪怕是难以承受的病痛，也会有所缓解。

爱好、情绪和时间，是爱自己的三个重点。

一是有一个自己的爱好；

二是有一个固定的情绪发泄通道；

三是做自己想要做的事，不要把时间安排得太满，留出足够的时间爱自己。

例如，工作之余，我会每周安排几次定期护理，更好地照顾自己；我会与家人深入沟通，分享我的计划和情绪的变化。

我们必须时刻关注自己，留出足够的时间倾听内心的声音，关注身体的变化，并思考如何更好地爱自己。

请大家像我一样，好好爱自己，好好做自己。向内求，而不是向外求。

最后，不妨问问自己：你爱过自己吗？你是怎么做的？如果爱得还不够，你打算如何改进呢？

简单的姿态，实则是内心世界的一面镜子，能反映出我们的自律与沉稳。

2

第二章

魅力·举手投足间的心动

美在形体，雅在仪态

俗话说："爱美之心，人皆有之。"每个人都喜欢美的事物，也都有追求美的权利。

然而，当下出现了过度追求"完美形体"的现象，"以瘦为美"的观念盛行，并衍生出许多代表性词汇，如"A4腰""反手摸肚脐"等。这些词汇要求女性的身体比例必须符合所谓的"标准"，导致许多女性盲目追求，甚至希望在短期内达到瘦身效果。实际上，这种做法并不理智，可能带来诸多负面影响。

首先，过度追求"完美"会损害健康。

这种影响不仅体现在身体层面，也涉及心理层面。例如，一位女性为了保持理想身材，坚持节食和健身，但偶尔未能按计划执行，便陷入深深的自责。这种情绪压力可能导致她身心俱疲，甚至引发疾病。

其次，爱你的人，永远不会只关注你的身材。

有些女性认为，身高165厘米，体重必须低于100斤，才能符合“完美形体”的要求，满足另一半的期望。然而，身材好坏并非衡量爱的标准。爱情是情感与精神的连接，与外貌、体形等外在条件并无必然联系。

最后，不管男性女性，都无须取悦他人。只要身体健康，心中充满阳光，无论肤色黑白，体形胖瘦，身材高矮，都无关紧要。对家人、朋友给予关爱，温柔以待，生活才会一路生花，充满美好。

外在美的标准

对于外在美，每个人的标准不尽相同。除了外表的修饰和仪态的修炼这些相对固定的因素外，“场域”是我非常看重的一点。无论年龄或身份，塑造外在形象时，都应契合场域的要求，这样才能让外在美显得自然，与周围环境协调一致。

外在美是鲜活的，能够体现出每个人的独特性。展现外在美时，人不应像花瓶一样静止不动，而应浑身散发灵气，展现出独有的气质特点，给人留下鲜明印象，而非千人一面。

或许有人觉得这些要求难以达到，但实际上并不难。我们需要做的，是打破对外在美的固有认知，摒弃那些刻板的标准。

外在美并没有固定的标准，流行风尚也并非一成不变。

唐朝曾“以胖为美”，许多人追求“丰腴”“富态”，发髻高耸，妆容精致，这一点从传世的名画、陶俑，以及历史记载中可见一斑。但同时，身材颀长、纤细瘦弱之美，也普遍为世人所接受。

不同时期、地域、身份的人，对外在美的理解大相径庭。甚至每个人的喜好，以及同一个人在不同阶段的喜好，也可能有所不同。

外在美的标准是什么？这是一个见仁见智的问题，从未有过绝对一致的衡量标准。许多我们今天认为正确、规范的东西，明天可能就被视为错误的或不规范的。过去流行“肤白貌美”，现在流行“健康欧美风”，这些都是随着时代和人们审美趋势的变化而变化的。唯一不变的，是得体、和谐、鲜活的状态。

怎样健康地调整自己的体态

体态在一个人的形象塑造中至关重要。我们可以从以下三个方面来调整自己的体态。

第一，行走

古人云：行如风。意思是人行走时应如风行而过，轻快自如，而非歪歪扭扭、松松垮垮。

走路时，不少人会感到无力，身体软绵绵，还有人喜欢用鞋子“拖着地走路”。这样的行走方式会给人留下拖拉、磨蹭、无精打采的印象。

如何做到“行如风”呢？我的建议：**在走路时，尽可能地“提”起一股劲儿，仿佛头顶上方有一根线在牵引，虽然我们看不到这根线，但可以感受到有一股从腹部、腰部到颈部的力量在不断地向上延伸，这就是“行如风”的感觉**（见图 2-1）。

图 2-1　行走

还有一个需要注意的细节：有些人在走路时，头部先行，重心靠前，给人一种急匆匆的感觉，姿势也不雅观。对于这样的朋友，我建议调整体态，改为“胸部先行”。当身体自然跟随时，你会发现挺拔感立刻显现，走路的姿态也更加昂扬有力。

在此，我推荐一个养生小技巧：泡脚。俗话说“足为根本”“足为力量之源”，我们应该好好爱护双脚。经常泡脚，能够为我们良好的行走姿态“保驾护航”。

另外，我还想分享一个自古以来就有奇效的行走训练法——

踮脚尖行走训练法。

踮脚尖行走训练法是一种简单而有效的锻炼方式，它不仅能够增强下肢肌肉力量，提高身体平衡能力，还能促进血液循环，对身体健康有多方面的益处。下面是具体的训练方法和注意事项。

训练方法

1. **站姿准备：**保持身体立正，两脚并拢，双手自然垂于身体两侧。

2. **踮脚尖：**缓慢抬起脚跟，用脚趾紧紧抓住地面，保持身体平衡。

3. **行走：**在保持踮脚尖的状态下，缓慢向前行走，步伐不宜过大，以免失去平衡。

4. **重复练习：**每次向前走 30~50 步，稍稍休息一下，然后根据身体状况重复几组。速度以感觉舒适为宜。

初学者或平衡能力较弱的人，可以先扶着墙或栏杆进行踮脚尖行走练习，以帮助保持平衡。随着练习的深入，逐渐减少对辅助物的依赖，直至能够独立完成踮脚尖行走。踮脚尖行走与正常行走，需要交替进行。

在一段距离内，可以先踮脚尖行走，再恢复正常行走。交替进行不仅能增加趣味性，还能减轻长时间踮脚尖行走带来的疲劳感。

注意事项

1. **保持平衡：**在练习过程中，要时刻保持身体平衡，避免摔倒。如果感到不稳或疲劳，应及时休息。

2. **循序渐进：**初学者应从短时间、低强度开始，逐渐增加练习的时间和强度，避免一次性过度练习，以免造成身体损伤。

3. **穿着合适的鞋子：**练习时应穿着合适的鞋子，保护脚部和下肢关节。避免穿高跟鞋或鞋底过硬的鞋子。

4. **注意呼吸：**练习时保持自然呼吸或进行深呼吸，以增加锻炼效果。

5. **适当放松：**每次练习后要进行适当的放松，比如按摩下肢肌肉、拉伸韧带等，缓解肌肉紧张和疲劳。

通过踮脚尖行走训练，可以有效提升下肢肌肉力量、改善身体平衡能力、促进血液循环并缓解下肢疲劳。但需注意保持正确姿势和方法，并遵循循序渐进的原则。

第二，坐姿

落座时，我们应以腰部为支撑轴线坐直。想象一下，头顶上仿佛有一股气在向上牵引，即使侧坐或与他人并排坐，也能感受到这股气贯穿全身。整个人会向上提，腹部肌肉也会收缩，逐渐变得紧致，这样身形就会更加挺拔、优美。

此外，我建议女性朋友注意日常着装的保暖性，避免穿得过于单薄。尤其是腹部容易受凉，如果穿着过少，腹部受凉，身体会不自主地蜷缩，从而影响体态。

第三，腹式呼吸

谈及体态调整，不得不提“腹式呼吸”这一技巧。

腹式呼吸是指我们吸气时，让空气缓缓进入鼻腔并到达腹部，使腹部轻轻鼓起，而不是像平常的胸式呼吸那样使胸部挺起；呼气时，腹部会自然收紧，有助于排出肺底停滞的二氧化碳，达到净化身体的效果。

这种呼吸方法不仅能改善心肺功能，还能消耗腹部多余脂肪，有助于保持良好体态。

矫正体态的专业指导

追求优雅挺拔的身姿，离不开专业指导下的科学训练方法。靠墙站立作为基础练习，可以有效改善我们的体态，让身姿更为挺拔；90° 翻转手臂，则能优化肩部线条，让肩膀呈现完美直角（见图 2-2）。

靠墙站立，主要有两种：

第一，九点靠墙站立法

九点靠墙站立法是一种通过让身体的九个点紧贴墙壁来训练站姿的方法。这九个点分别是后脑勺、两侧肩膀、两侧臀部、两侧小腿肚子以及两个脚后跟。该方法的主要目的是帮助人们建立正确的站立习惯，改善圆肩、弓背、高低肩、骨盆前倾等不良体态，提升个人气质（见图 2-3）。

图 2–2　站立

图 2–3　九点靠墙站立法示例

九点靠墙站立法的具体步骤

1. **准备姿势：**站立于墙壁前，双脚与肩同宽或稍宽，脚尖微微分开，保持身体自然放松。

2. **贴墙站立：**后脑勺轻轻贴在墙壁上，确保头部直立，不前倾也不后仰。

双肩后侧（三角肌后束位置）紧贴墙壁，感受肩部的下沉与打开。

臀部向后翘起的最高点（臀大肌位置）紧贴墙壁，确保骨盆居中，不前倾也不后倾。

小腿肚最高处（腓肠肌位置）紧贴墙壁，保持腿部直立，不前移也不后缩。

双脚后跟紧贴墙壁，感受脚底的支撑力。

3. **调整姿势：**在贴墙站立的过程中，注意调整呼吸，保持自然呼吸。

确保腰部与墙壁之间留有一侧掌的距离，以判断骨盆前倾情况。如果距离过大，说明骨盆前倾严重，需收紧腹部调整。

收紧核心肌群，保持身体平稳和直立状态。

4. **保持与放松：**初始阶段保持站立姿势 5 分钟左右，然后逐渐延长时间至 15 分钟。如果感到疲劳，可以稍微放松一下肌肉，然后再重新调整姿势继续站立。

九点靠墙站立法的注意事项

1. **保持自然呼吸**。在站立过程中，保持自然呼吸，有助于放松身心，增强训练效果。

2. **循序渐进**。初学者应从短时间、低强度开始，逐渐增加练习时间和强度。避免一次性过高强度的练习导致身体损伤。

3. **穿着合适的鞋子**。训练时，应穿着合适的鞋子，以保护脚部关节。

4. **注意姿势调整**。在站立过程中，时刻注意姿势调整，确保九个点紧贴墙壁，并保持身体平衡和直立状态。

九点靠墙站立法是一种简单有效的体态训练方法，适合各个年龄段的人群。长期坚持该训练方法，可以帮助人们建立正确的站姿习惯，提升身体平衡稳定性，改善不良体态并增强肌肉力量。

第二，进阶站立法

在九点靠墙站立法的基础上，踮起脚尖，将双脚跟慢慢抬离地面，这种方式可以让我们全身紧绷，全方位锻炼身体平衡与姿态控制能力，进一步调整体态（见图 2-4）。

图 2-4　进阶站立法示例

为了增强训练效果，我建议大家在餐后半小时内进行站立练习，每天坚持 10~15 分钟。需要注意的是，站立练习前期最好在专业教练的指导下进行，以确保动作标准，避免潜在伤害。

当你有毅力去改变时，就会发现，“持之以恒”才是实现体态蜕变的关键。

自我评估时，可身着内衣，对着镜子仔细观察，判断体态是否存在问题。如果发现问题，可以思考原因：是锻炼方法不当，还是毅力不足？当你找到答案后，就可以制订更精准的体态改善计划。

面部表情，情绪与印象的调控器

在社交场合，有些人为了展现亲和力，会刻意保持一种职业笑容。这种现象在服务行业中尤为常见。某些服务行业甚至规定了微笑的标准，例如“微笑必须露出八颗牙齿”等，并通过特定训练（借助筷子）来塑造标准、规范、统一的笑容，这就是职业笑容。

出于工作需要，展现职业笑容无可厚非。但有些人因长期职业习惯，仿佛戴上了“微笑面具”，即使内心并不想笑，也会不自觉地露出毫无感情的笑容，给人皮笑肉不笑的感觉。

当然，特定身份的人（礼仪人员）在特定场合保持职业微笑，是他们职业素养的体现。但在正常社交互动中，我还是鼓励发自内心地微笑，以促进彼此真诚的交流。

真正的表情管理，不仅是控制面部表情，更是传递真实情感，

包括无法用言语表达的喜悦和其他情绪。只有当内心情感与面部表情统一时，我们才能展现出乐观向上的态度，提升自身形象。

此外，面部表情是传达内心复杂情感的重要媒介。有时，一个恰到好处的表情，能直击人心，胜过千言万语。

训练微笑感染力

微笑是一种生活态度，更是一张独特名片，能有效促进人与人之间的连接。我相信，微笑不仅能传递情感，也是商业合作中的无形资本，是成本最低的“投资”，能帮助我们建立更广泛的人脉。

有时候，一个善意的微笑，就能为我们带来宝贵的商业机会。

如何展现既优雅又亲切的微笑？就是训练。通过训练，可以用笑带动我们的眼睛，以及整个面部肌肉，使笑容更有感染力。

首先，用心去感受真诚与喜悦。

我经常鼓励大家尝试一种方法：早上出门遇到邻居时，主动送上友好的微笑；在电梯里，向其他人报以微笑。这个微小的举动，能让我们一整天都保持快乐的心情，做任何事情都充满愉悦感。

经常微笑的人，仿佛拥有一种独特的“魔力”。正如喜剧大师卓别林所说："一个微笑可以改变一切。"微笑是向世界传递善意最有效的方式，它本质上是一种正能量的滋养和释放，是我们心底绽放的一束光，可以照亮自己，也能温暖他人。

其次，不用担心牙齿不美观。

当我们微笑时，嘴角上扬，脸部的肌肉上提，嘴巴像元宝一样，也会变得"笑眼弯弯"。当笑容具有感染力时，没人会在意牙齿是否美观。

微笑时，想一些让自己开心的事，嘴角自然上扬即可，嘴角上扬能带动面部其他肌肉舒展。传统观念认为"笑不露齿"才是淑女的风范，如今，露齿微笑，不仅彰显我们的个性与自信，也体现了时代进步下审美观念的开放与包容。

当然，露齿笑也需有所讲究。大笑时应避免露出整排牙龈。恰到好处的露齿微笑，才是优雅与自信的完美融合。

下面，为大家介绍一种我特别喜欢且特别有感染力的微笑——迪香式微笑。

这种特别美好且具有感染力的笑容，得名于法国医生迪香（Duchenne）在1860年的研究。迪香通过电流刺激实验对象的面部肌肉并记录对应的表情，发现了这种独特的微笑模式。具体来说，迪香式微笑的特点包括嘴角肌上扬、颧骨肌上提，以及眼角肌收缩，这种组合使得面颊提高，并在眼睛周围形成皱纹，从而呈现出一种真实且愉悦的笑容。

与假笑不同，迪香式微笑难以伪装，因为人们能控制嘴角肌和颧骨肌的活动，却难以自发地控制眼角肌的收缩。真心的微笑会自然带动眼角肌的活动并展露出眼周的皱纹，而假笑仅嘴角肌和颧骨肌提升，缺乏眼角的真诚表达。

迪香式微笑不仅仅是一种面部表情，它还与个体的心理健康及幸福感紧密相关。积极心理学家通过研究发现，拥有迪香式微笑的人往往具有更积极的情绪、更高的创造力、更强的感染力，同时拥有更好的人际关系、更高的幸福感、更健康的状态，以及更长久的寿命。这种微笑仿佛是一座随身携带的加油站，能够给自己加油，也可以给周围的人增添美好。

在日常生活中，我们可以通过迪香式微笑传递友善和积极情绪，促进人际关系的和谐与发展。

人对自己最好的投资，就是微笑。

让眼神“来电”的技巧

眼睛是心灵的窗户，拥有一双明亮有神、仿佛带电的眼睛，是一个人吸引力的重要加分项。这样的人，往往能给人留下极为深刻的印象。

然而，并非每个人都天生拥有“魅力电眼”。幸运的是，它可以通过训练获得，且有一些诀窍。

与人沟通时，眼神交流的细节至关重要。

例如，在举办相亲活动时，我们会为参与者提供一些心理学指导：如果你对某位男士有好感，可以尝试直视他的眼睛约 7 秒钟，如果对方同样回望你的眼睛 7 秒钟，说明你们之间“来电”。反之，则不太“来电”。

至于视角的把握，我建议注视对方的面部中三角区，即眉心至鼻底之间的区域。这是既能表达尊重又不失亲近的视线角度。若视线太高，可能会让对方感觉你很傲慢；而视线过低，则可能显得你不够自信。此外，男性应避免注视女性的“下大三角区”（下巴至胸部的区域），否则会被视为不礼貌。

如果想提升眼神的灵动性，我建议每天练习转动眼球：按照上下左右的顺序转动眼球，并逐渐加快速度。经常练习，能有效提升眼睛的灵活性与反应速度。

很久以前，人们就从自然界中汲取灵感，通过观察鸟类飞行的轨迹来训练眼神的深邃感。这种方法是通过观察远处的一个点，并跟随其移动，来增强眼神的专注与灵动感。

还有一种方法，可以让眼睛更明亮。在房间里点燃一支蜡烛或一根香，凝视它，直到眼睛发酸发胀，甚至想流泪为止。通过这样的练习，你的眼睛会越来越炯炯有神，充满魅力。

你的手势会透露你的性格

手势的重要性

我曾组织过一场培训，参与者均为在公司中担任重要职务的女性管理者。在培训过程中，我发现，超过 90% 的女性管理者就座时，手会放在不恰当的位置。

也就是通过这次培训，我深刻体会到手势与坐姿在个人形象中的重要作用。手放在正确的位置，能够显著提升个人气质与自信。

有些朋友认为，双手交叠放在两腿上方是一种很标准的坐姿，但在实践中，这样的姿势可能会给人留下拘谨的印象。

在这个坐姿的基础上，我们可以稍微调整一下手的位置，将一只手轻轻搭在另一只手上，让小臂自然舒展，而不是刻意放在大腿中间。这样的微调不仅避免了拘谨感，还能在保持专业形象的同时，增加一点轻松自在的感觉（见图 2-5）。

面对面沟通时，将身体轻微倚靠在座椅上，这样的姿势，能让双方都感到轻松、自在（见图 2-6）。

图 2–5　标准坐姿示例 1

图 2–6　标准坐姿示例 2

手势的运用是把双刃剑

在演讲或日常交流中，手势的运用是一把双刃剑。运用得当，能给人留下深刻的好印象；若处理不当，比如将身体过度张开、手势过于夸张，则可能适得其反。

手势的范围，最好是以自己的肩宽为界限，尽量控制在肩宽以内。当你想表现力量感时，可以适当拉宽手势范围；而想表现内敛时，可以将手势集中在胸前居中的位置，这就是“聚焦”。

另外，合理运用手势，可以强调想要表达的内容；而手势的频繁与无序，则会干扰沟通的节奏。

单纯的语言表达，往往显得单调无力。辅以合适的手势，不仅能强化语言，还能让表达更生动。例如，当我们想鼓励别人时，握拳是一个很好的方式。女性使用这种手势，还能增添一抹俏皮与活力。同样，当我们想表现力量感时，比如讲述一段旅程经历或描述某个场景，配合相关手势，能让人有身临其境之感。

更重要的是，我们的肢体语言，是我们内心世界的镜像。如果一个人在交流时手势很少，甚至几乎没有，可能反映出他内心的封闭与拘谨（当然也会有人认为这是一种沉稳和严谨的外显信号）；相反，如果一个人的手势较多，则反映出他内心的开放与真诚。

然而，过犹不及。如果一个人手势过多，会让人觉得紧张，甚至留下不好的印象。因此，适度使用手势至关重要，它能让我们的表达更加精准、自然且富有感染力。

手势的禁忌与恰当运用

手势是沟通交流中不可或缺的辅助工具，既能突出个性，又能促进交流，使信息传递更加生动有力。但如果手势运用不当，则可能适得其反，限制沟通效果，甚至造成误解。

那么，我们如何正确地运用手势呢？下面是 7 条基本准则，大家可以作为参考。

第一，手势幅度适中

手势幅度尽量不要超过肩膀的宽度和眉心的高度，避免过大或过小的动作，以保持自然和谐。

第二，手心方向的讲究

手心向上通常表达尊重与邀请，如“请回答问题”；而手心向下则传递出强势与决定，如“事情就这么定了”。在谈判过程中，我建议使用手心向下的手势，这样可以增强自信与力量感。

第三，手指指向的礼仪

指向物品时，手指通常会斜切地面约 45°。指向人时，则应手心向上，以表示尊重。

第四，避免禁忌手势

某些手势具有明确的负面含义，如用单指直指他人，这种手势具有攻击性与侮辱性，应严格避免。

第五，勿用双手抱臂

双手抱臂通常传递的是拒绝沟通的信号，不利于建立良好的沟通氛围。若需表达思考或放松，可以单手抱臂或双手自然下垂。

第六，减少小动作

与人交流时，抠手指、抓耳朵、挠后脑勺这类小动作都是不自信的表现，容易传递出不自在的信息。在重要场合，尤其应避免这些小动作，保持举止大方得体。

第七，不用手指对人点数

日常接待中，应避免用单根手指直接对人进行数量清点。合乎礼仪的做法是，用整个手掌，手心向上，以示尊重。报数时，避免单调的“一、二、三……”，而应采用“一位、两位、三位”等礼貌表述。若人数不多，只有五位，直接说“总共有五位”即可，无须逐一点数。

手势的细节规范

在人际交往中，手势的细节往往能体现一个人的修养。

我认识一位颇受尊敬的企业家长辈，47 岁时，他已实现财富自由，但待人接物依然谦和有礼。与他接触过的人，都能感受到他的真诚。他在交流时尤其注重手势礼仪，比如双手递接物品、手心朝上等细节。面对他人的失礼行为，他也只会在事后温和提醒。这种高情商的处事方式，为他赢得了广泛赞誉。

我想，他能早早实现财富自由，与这些细节密不可分。

2014 年，某上市集团进驻桂林时，曾招标高端礼仪培训，以提升员工的形象、礼仪素养及奢侈品鉴赏能力。我们的团队最终胜出，原因在于我们不仅教授礼仪规范，更强调在实际互动中传递尊重与关怀。

例如，在递接物品时，我们会用双手递接；在碰杯时，我们会主动降低自己的杯子，并用左手轻轻托住对方的杯底，这些细微的动作，都传递着我们对对方的尊重。诸如此类的细节还有很多，唯有细节动人心。

手势的日常应用

手势是非常重要的肢体语言，具有很强的表现力。

以餐桌礼仪为例，我建议大家坐姿端庄，用餐时将双手自然置于桌面之上。然而，我发现许多女性在用餐时，习惯将左手放在桌子下面，仅用右手进食。这种姿势不仅不美观，也不够得体。当一个人在用餐时将一只手隐藏在桌子底下，容易引起不必要的猜疑与误会，因为与之共餐的人不知道这只藏匿的手在干什么。

“握手”这一简单的动作也蕴含着丰富的礼仪内涵。一些男性在与女性握手时，握手时间过长；还有一些男性只是“蜻蜓点水”式地握手。这两种方式都不恰当，容易给人留下“不尊重人”的印象。

那么，该如何把握这个度呢？我们需要根据时间、场合、人物、对象，以及职务等级的不同，来调整力度与时间，既要表达热情与尊重，又要避免造成不必要的误解。

商务谈判或初次见面时，我建议满握手，以此表达热情与尊重（见图 2-7）。

图 2–7　满握手示例

如果是在酒会、晚宴等社交场合，我建议浅握四根手指，这是社交场合的基本礼仪（见图 2-8）。

图 2–8　浅握手示例

此外，与长辈握手时，我们可以采取更恭敬的方式，用双手握住长辈的手，其中一只手在下面轻轻托住长辈的手背，这样的举动能传达出深厚的尊重与敬意。相应地，长辈为了表达对晚辈的厚爱，也会以同样的方式托住晚辈的手。

手心向上，是一种非常得体且富有情感的交流方式。无论对方是否学习过礼仪，只要我们以手心向上的姿态相迎，对方都能够感受到我们的真诚与尊重。

有些朋友可能会担心，手心向上会显得自己很卑微，其实，**每个手势都是我们内心世界的映射，当你拥有足够的力量与自信时，完全可以手心向上，从容不迫地对待每一个人。**

学会走路：迈出的每一步都珍贵

走路时要管理好自己的体态

在日常生活中，我们常看到一些朋友刻意追求所谓的“模特风范”，走路时过分扭腰摆胯，步伐夸张，显得很不自然，让人感到别扭。这种现象源于对个人体态管理的误解。许多人简单地认为走直线就是走出夸张的猫步，却忽略了保持身体垂直与协调的重要性。

走直线不只是行走的路线要直，我们的体态也要保持直立与和谐。良好的行走姿态应当是：昂首挺胸，收腹直腰，双眼平视前方，肩膀平稳不晃动，双臂自然地在身体两侧前后摆动，步伐轻快而稳健，行走时脚尖与脚跟应保持在同一直线上（见图 2-9、图 2-10）。

图 2-9　走姿（正面）示例

图 2-10　走姿（背面）示例

在行走过程中，除了双臂自然摆动、双腿自然迈步外，其他部位应尽量保持稳定，避免过多的动作干扰行走的流畅性。这样的体态不仅显得优雅自信，还能有效预防因不良姿势导致的健康问题（见图 2-11）。

图 2-11　走姿（侧面）示例

许多女性由于缺乏体态训练，走路时双手习惯性地向外摆，从后方观察显得过于豪迈，呈现出中性甚至男性化的姿势。我建议女性行走时双臂向内摆动，呈V字形，像一个漏斗；同时双脚平行行走，双膝在行进中轻微并拢。这样的走姿能更好地展现女性的柔美气质。

对于男性而言，为体现稳重与力量感，走路时可以双臂平行摆动，双脚呈小八字，适当放开步伐，展现阳刚之气。应避免过于外八字的走姿，以免显得不够端正。

无论男女，行走时都应注重体态的管理与调整。通过专业的体态训练与持续调整，人人都能塑造出优雅自信的行走姿态。

不同场合的走路方式

细节决定成败，这句话同样适用于我们的体态管理。一个成功的人，往往会在举手投足间展现出对细节的关注。

一位教授特别喜欢一名学生，想要为他的成功助力。于是，教授特意为这名学生举办了一场宴会，希望帮助他拓展人脉。这位学生从外地赶来，稍微迟到了一会儿。当时宴会已经开场，他为了不打扰其他人，入场时表现得非常低调、谦和。然而他弓着背、弯着腰、蹑手蹑脚的姿态，让在场的人感到他不够大方，连教授也觉得他的表现有所欠缺。其他人则认为这名学生可能不会被重用，因为他看起来缺乏自信。

通常，我们进入一个场合，应该先观察一下，环视一圈，只要不是正式会议等特殊场合，都可以面带微笑、从容步入。这种大方得体的姿态，既展现了自信，又体现了对他人的尊重。

以下是针对不同场合应采用的走姿。

高端礼仪接待

在高端礼仪接待场合中，需要有意识地放轻脚步，避免走路时发出过大声响，尤其是女性穿高跟鞋时。许多女性穿高跟鞋走路时会发出"咯噔咯噔"的声音，可能因为鞋底与地面撞击、鞋的材质与设计问题，以及走路姿势和习惯等。例如，走路时重心过于靠后，将过多力量压在鞋跟上，或步伐迈得过大、过快，都可能导致高跟鞋与地面碰撞的声音增大。

我建议所有穿高跟鞋的朋友适当调整走路姿势和脚掌的着地方式：

1. **调整走路姿势**。

走路时尽量保持身体挺直，不要过度倾斜或佝偻。

步伐不要迈得过大或过快，以减小鞋跟与地面的撞击力。

将重心放在脚掌的前部，而不是完全压在鞋跟上。

2. **改变着地方式**。

尝试用前脚掌先着地，然后逐渐过渡到全脚掌，以减小鞋跟直接撞击地面的声音。

上台领奖或演讲

在上台领奖或演讲时，每一步都承载着观众的期待与目光，更需要注意走路的姿势。上台之初，我建议先找到一个合适的站立点，环顾四周，然后侧身 45° 面向观众。

演讲过程中，根据不同的发言风格选择站姿与手势：严肃发言时，保持双手静放，以示庄重。如果是快乐分享，如做自我介绍，我们可根据场合使用不同的手势，以增强表达力。若演讲时需要走动，要以同样侧身的姿态走到舞台中间，再次定位后，稳步迈向之前发言的位置。

当我们站在台上面向观众时，建议把头微微上扬，这样不仅能开阔视野，还能彰显出气势与风采。

简单概括就是：自信的步伐与定点，再加上“天、地、人”的眼神顺序，助力完成一场漂亮、自信、大气的肢体语言大戏演讲。

场合与身份决定走路方式

不同场合、身份及个性特点，都可以通过走路姿态展现。以女性为例，工作场合中，若希望展现干练与霸气，步伐可适当加快；休闲时光里，可以走得慢一点，展现从容优雅。

对于管理者而言，无论身处何种场合，走路都要有条不紊。即使需要加快步伐，也应保持节奏与风度，避免小跑带来的慌乱感（紧急情况除外）。管理者在人前迈出的每一步，都应展现出稳健与自信。

怎样走路更有气场

气场反映出内心深处的自信，走路——这一日常中最不起眼的动作，正是塑造并展现个人气场的最佳途径。想要步履生风，成为人群中的焦点，只需掌握以下三个技巧和一个小秘诀。

第一，一条线

模特们走秀的方式是猫步，猫步的核心在于一条线。想象自己站在 T 形台上，从头顶到地面有一条垂直的中心线。只要你的双脚沿着这条线行走，猫步的雏形就具备了。

第二，两肩舒展

含胸驼背会削弱气质，而挺拔的姿态能瞬间提升气场。两个简单动作帮你改善。

第一个动作：肩膀向后转半圈，瞬间就能舒展。走直线时，保持大臂不动，小臂微微摆动，显得从容自信。

第二个动作：双手在背后合十（瑜伽经典动作），能拉伸胸部肌肉，矫正驼背。长期练习，体态就能变得更挺拔。这个动作虽然有些难度，但效果显著。

第三，去 100 厘米，三步迈

每个人都有自己最显气质的步伐长度。超过这个长度会显得粗犷，短了则显得拘谨。这里有一个公式：用你的身高减去 100 厘米，就是你的最佳步伐长度。比如我身高 164 厘米，减去 100 厘米，我的最佳步伐长度就是 64 厘米。

有时候，你会觉得这三个方法很难记住，那我再告诉你一个我在紧张时常用的小秘诀，想象着从自己的脚底到头顶有一根银丝，直通天际，穿入宇宙。这时，身体自然随着这根银丝挺直，双肩放松，姿态立刻变得优雅从容。

我们学习新技能，要先放下旧有的习惯与认知，这一过程需要时间和耐心。

记得我为一家单位做培训，他们正准备接待一个国际团。培训中，我们要求男性和女性走路时手脚归位，规范行走。许多学员原本的步伐还算正常，只是不够完美，但在接受几分钟指导后，竟然变成了“同手同脚”，甚至不会走路了。

然而，经过一段时间的训练，他们逐渐找到了那种“带风”的自信与风采。当我们询问他们的感受时，他们纷纷表示整个气场仿佛焕然一新。

尝试留意一下自己的走姿，看看是否能走出那种有气质又“带风”的感觉？是否有需要调整的地方？只要坚持调整，你一定能迎来由内而外的蜕变，展现出强大的个人魅力！

学坐姿：从端正开始的蜕变

坐姿要端正

关于坐姿的重要性，我曾在一档综艺节目中观察到一个耐人寻味的场景。

节目中，两位女艺人并排而坐，其中一位资深女艺人跷着不太优雅的二郎腿，另一位初出道的女艺人出于好意，轻轻拍了拍她，试图提醒其调整坐姿。但这位资深女艺人似乎并未领会这份好意，反而翻了一个白眼。

不出所料，这一幕引发了广泛争议。有人赞赏新人的勇气与细心，也有人认为后者作为后辈，当众指出前辈的不妥显得有些冒失。

在日常生活中，见到朋友是这样的坐姿，我也会委婉提醒，用轻松的语气说“你这样坐久了腰会不舒服哦”，既表达了关心，又不会让对方难堪。

那么，是否就完全不能跷二郎腿呢？当然不是。

首先，跷二郎腿有正确的姿势，对于男性来说，应避免跷得过高，以免显得散漫；女性在跷二郎腿时，注意脚尖应朝向同一个方向，避免双腿分开过宽，否则会显得不雅。其次，即便是最标准的跷二郎腿姿势，也不宜保持太久，最好每隔 15 分钟就调整一下，以免影响血液循环。

此外，有些人坐着时会不自觉地抖动双腿，身体歪歪斜斜，这也会给人留下不佳印象。

从中医角度看，“习惯性抖腿”是一种亚健康的信号。当人们感到紧张且无法控制情绪时，就会不停地抖腿。因此，无论男性还是女性，想提升个人形象，不妨从注意坐姿这一细节开始。

不同场合的坐姿

“站如松，坐如钟”这句古训道出了仪态之美的精髓。在现实生活中，我们则需要根据不同场合灵活调整坐姿，才能展现出恰如其分的优雅气质。

以下是不同场合对坐姿的要求：

合影

合影不仅记录我们生活的瞬间，更是个人形象与个性的展现。在合影中，我们能看出哪些人比较开朗，哪些人比较内敛，哪些人比较有素养。

男性在合影时，习惯性地将双腿分得很开，几乎能容纳两个人，这样会显得不太尊重别人，也会影响合影的整体效果。我建议双腿间距略宽于肩膀，双手自然地放在膝盖上。若想展现个人素养，可使双腿与肩膀同宽，这样的姿态非常端正。

女性在合影时，首先要双膝并拢（见图 2-12），这是展现优雅仪态的基本要求。此外，上半身要保持挺直，这是合影时非常重要的细节，能提升整体气质。

交谈或访谈

在交谈或访谈过程中，脚尖应内收，避免朝向观众。因为脚尖像“武器”一样具有攻击性，直接指向他人显得不礼貌，这一点需特别注意。无论男性还是女性，无论是否跷二郎腿，脚尖都不要朝向对方。

此外，有一个不变的坐姿原则：上半身应尽量保持直立。这不仅有助于调整体态，提升气质与自信心，也展现了对他人的礼貌与尊重（见图 2-13）。

在正式场合，太师椅等宽大座椅的坐法颇有讲究。建议落座时将身体微微侧向一方，避免满座带来的压迫感。女性采用侧身坐姿更显优雅端庄，而男性长辈或领导则可满座，双手自然搭于扶手，展现威严气度。

图 2-12　女性合影坐姿示例

图 2-13　交谈、访谈坐姿示例

约会

脚尖面对观众时是“武器”，但在相亲或约会时，脚尖的朝向可以成为表达好感的小技巧。脚尖朝向对方是暗示对方你对他有好感，如果对方接收到信号，却没有给你相应的反馈，你可以适时收回自己的脚尖。

谈判

在谈判过程中，我建议大家不要跷二郎腿，而应该保持正襟危坐，越正式的坐姿，越给人强势的感觉。如果你坐得过于靠前，会让人感觉很拘谨而显得底气不足；过于靠后，则让人感觉态度傲慢，不够有礼貌。

在递接物品时，我建议双脚一前一后，这样可以使我们的身体重心更加稳定，还可以灵活转动身体，方便我们递接物品，而不至于由于坐姿问题导致身体僵硬，出现手忙脚乱的情况。

会议

在会议中，如果坐姿不正确，就会出现很多尴尬的情况。有些会议场合，桌布不是很长，大家落座之后，不管是什么坐姿，腿部都会一览无余。我建议大家在开会时务必注意自己的坐姿，可以选择正襟危坐或适当放松，但双脚的摆放需谨慎，一前一后更为得体。

饭局

在用餐过程中，起身落座时注意双腿前后错开，避免跷二郎腿影响稳定。保持腰背挺直，双手自然放在桌面，用餐时手肘不要离开桌面，展现优雅的用餐礼仪。

不同场合下的坐姿礼仪，是个人修养与社交能力的体现。掌握这些细节，能让我们在各种场合都游刃有余，展现出良好状态。

训练坐姿的小妙招

优雅的坐姿，关键在于让手脚归位，身体肌肉保持自然。以腰部为中轴线，保持垂直状态，身体端正了，才能流露出那份从容与优雅。

在给学员做前期坐姿训练时，我尤为注重他们脖颈的挺拔。我会要求他们头顶一本书，即便在用餐时也不例外，以此帮助他们养成挺颈直背的好习惯。顶得越久，说明头部的平衡感越强，身体能保持端正，不会前倾或后仰。

除了这些，我还要求女性学员在落座时双腿之间夹一张纸，纸要夹紧，以此锻炼腿部肌肉的紧绷与稳定性。

男性学员在进行训练时则无须夹纸，因为男性的双腿自然分开，是更为常见且符合礼仪的坐姿。

此外，女性落座后，我建议她们将双手放在身体侧边，自然下垂，也可以双手交叠或者双手十字交叉放置于膝盖上方，这样的姿态不仅显得优雅，还透露出沉稳与自信。

优雅是一种综合性的气质，不仅体现在坐姿上，还包括自然的表情管理与得体的手势。只有当各种体态礼仪的元素和谐融合，我们才能展现出令人赏心悦目的优雅形象。

训练自控力的方法

优雅的坐姿离不开良好的自控力，要想练就标准的坐姿，首要任务是加强自控力训练。

我自己也经常进行这样的练习。例如，在机场坐摆渡车没座位时，我会找好位置控制平衡，尽量不扶扶手也能站稳。出差时我喜欢穿裤装，这样训练时可以通过调整双腿间距来适应车辆转向，用身体自然反应保持平衡。日常生活中，我经常做这样的练习，让自己能长时间保持稳定站姿。

我也鼓励学员们在生活中实践类似训练。比如坐地铁时，在保证安全的前提下，试着不扶扶手站稳，锻炼自己的平衡感和自控力。

打坐也是一种坐姿练习。虽然打坐看起来与坐姿训练无直接关联，实则相辅相成。

我会要求学员在进行打坐练习时脱掉鞋子，尝试双腿或单腿盘坐。第一次上课时，我会让他们先从3分钟时长开始练习，然后逐渐增加到5分钟、10分钟，甚至更久。

这样的训练不仅增强了学员们的坐姿耐力，还能让他们的身心更加平和。尤其对于女性而言，盘坐还能提升身体的柔韧性。

对我个人而言，打坐是一种自我调节的好方法。每当遇到烦恼，我就会通过长时间的打坐来平复心情。

端坐，这一简单的姿态，实则是内心世界的一面镜子，能反映出我们的自律与沉稳。当我们轻轻落座，双腿交叠或并拢，背部挺直，双手轻放于膝上，这份自然流露出的优雅，便展现了我们对美好生活的追求。

聚焦学站姿，塑造卓越体态

站姿“勿跛倚”

《弟子规》中说“勿跛倚”，这是对优雅站姿的精辟概括，它告诫我们站立时要端正，如青松般挺拔，方能展现良好的身心状态。

然而现代生活中，很多人习惯性地倚靠墙壁或桌椅，误以为这种随意姿态能彰显个性魅力。殊不知，“跛倚”不仅影响美观，更会带来健康隐患。特别是对女性而言，长期保持不良站姿可能导致骨盆前倾，进而引发体态失衡等问题。

那么，怎样的站姿才能既展现美观优雅，又符合社交礼仪的标准呢？我们不妨从不同场合下的站姿要求进行分析。

不同场合的站姿

站姿比坐姿更考验一个人的礼仪素养，因为站姿是全身姿态的直接展现。不同场合下，站姿的规范与细节更是千差万别。

合影时的风采

合影时，男性应展现绅士风度，双手自然下垂，脚尖适当向外打开，双脚呈微宽 V 字形站立，上半身挺直，尽显自信风采（见图 2-14）。

女性的标准站姿是头正、肩平、背挺直，将右手置于左手之上，双手自然交叠于腹前（见图 2-15）。

图 2-14　男性合影站姿示例

图 2-15　女性合影站姿示例

一部分女性在合影时，会习惯性地架起双手，这样的姿态能给人以端庄之感。然而，需要注意的是，把双手架起来作为一种标准站姿，更适用于礼宾礼仪人员，因为这样站能展现出一种端正的气质。

如果合影时有一位女性领导，且站在C位，我建议她将双手左下右上、大鱼际和小鱼际交叠，放置于肚脐以上三指的位置（见图2-16）。这样的站姿不仅凸显出个人的端庄感，还能巧妙地营造出“腿长”的视觉效果。

图2-16　女性管理者合影站姿示例

交谈中的尊重

交谈时，如果双方为同辈或同等职位，双手自然下垂或自然交叠在身体前方即可。面对领导或长辈时，为表示尊重，我们应注意避免将双手交叠置于身后。

酒会上的优雅

酒会作为重要的社交场合，每一个细节都至关重要。比如我们手持香槟时，另一只手放在哪里呢？通常来讲，男性一手持香槟，另一只手可自然下垂；女性一手持香槟，另一只手可以轻轻托住杯底，这样能使身体保持一个端正的姿态。而且，架起一只手，还能很好地展现女性的柔美曲线，显示出整体的优雅气质（见图 2-17）。

图 2-17　酒会手持香槟示例

演讲台上的控场力

在演讲或公开发言时，站姿的稳定与自信尤为重要。首先，一定要站姿端正，要“站似一棵松”，尽量减少不必要的身体摆动。除朗诵外，一般在演讲过程中适当的走动是允许的，但需根据场合与演讲内容灵活把握。演讲时尽量控制身体动作的频率，以稳定之姿，展现出色的控场力。

站立姿态不仅是个人形象的体现，更是内在修养与气质的流露。通过不断练习与调整，我们可以在不同场合展现出最完美的站姿，塑造出卓越而优雅的体态。

训练站姿的方法

在日常生活中，我们时常会观察到一些人站姿不端正，甚至有驼背的不良习惯，这不仅影响个人形象，还对身体健康造成负面影响。

该如何改善驼背呢？我们可以使用科学的训练方法。例如，上半身直立，头顶一本书不让它掉落，这种训练方法简单且有效，对驼背的矫正非常管用，而且我们在坐着、站着，甚至是行走时都可以进行练习。通过持续训练，可逐渐增强我们背部肌肉的力量，改善驼背。

如果已经存在严重的驼背问题，我建议在专业人士的指导下进行更系统的矫正训练。前面提到的靠墙站立的两种方法——九点靠墙站立法和进阶站立法——都能通过精确调整身体各部位的位置，帮助我们恢复正确的站姿。

我曾为一名因前期含胸导致后期驼背的初中生制订了一个为期 30 天的矫正计划，包括九点靠墙站立法、扎马步、平地顶书行走，以及顶书走楼梯等多种训练方法。通过练习九点靠墙站立，帮助她建立正确的站姿基础，再用扎马步继续强化练习。

扎马步是武术中的一种基本功，经常练习可以增强我们的腿部和背部肌肉力量。在训练的过程中，我要求她先用双脚落地的方式扎马步 3 分 45 秒，结束后休息片刻，再提高一个难度，脚尖落地，脚后跟抬起，继续坚持扎马步 3 分 45 秒。通常这阶段会练到大腿打颤，如果此时背部依然能保持直立，就达到了训练的效果。

扎马步环节完成后，我开始让她保持直立状态，练习平地顶书行走，每次练习 5 分钟左右。接着是顶书走楼梯，继续保持直立的状态，每次练习 5~10 分钟。

为了确保训练效果，我会建议她在练习过程中找人协助拍摄侧面照片，以便她对照体态，进行针对性的调整。

经过一段时间的坚持训练，这名初中生的驼背问题得到了改善。

好的体态，不仅是对个人形象的塑造，更是内心品格的一种外在体现。我也将这样的理念传递给了我的儿子。我经常告诉他：

要成为一个顶天立地的男子汉，首先要做到的就是身体正直、体态端正，其次要有开阔的胸怀，以及足够的力量来支撑起未来的家庭和梦想。

他了解了这一点，就会时刻注意调整自己的体态，无论何种场合，都能保持良好的形体状态。

要想站姿优雅，需要注意以下两点：

第一，保持正直

“正直”不仅是指公正刚直的道德品质，也可以描述一种“站得正、站得直”的标准站姿。无论处于何种年龄阶段，我们都应该努力使自己站立时身姿挺拔，因为正直的站姿不仅美观大方，更能在职业生涯中赢得他人的信任和合作机会。

如果你是一个内心公正、体态正直的人，大家就更愿意信任你，跟你合作。相反，若一个人连站姿都不正，那他的专业能力和责任心就容易受到质疑。

第二，注意面部表情

优雅的站姿，不仅包括身体的正直，还包括面部表情的和谐。在与人交流时，我们的眼神应平和而坚定，视线保持水平状态，避免目光闪烁或斜眼视人，否则容易使人产生一种不信任感。表情要亲和，无须谄媚，但也不能傲慢，表达出友好、善意就可以了。

一个人的形体，不仅是对自身外在形象的塑造，更是其内心状态的反映。当我们能在任何场合下展现出最佳的姿态和气质时，我们的个人形象会成为最好的社交名片，它是最可视化的，能够吸引更多的关注与赞赏。

那么，你有没有关注过自己的体态？你打算怎么改善你的体态呢？

搭配是一门艺术，需要我们用心去感受、去尝试、去创新。

3

第三章

穿搭·永不过时的黄金时尚法则

色彩会说话

世界犹如一幅绮丽的画卷，每道笔触都跃动着色彩的旋律。这些或温暖或冷静或柔和或炫目的色彩，并非自然的简单堆砌，而是一种无声的语言，蕴含着触动人心的力量。

色彩是视觉艺术的灵魂，是一个人灵感与创意的表达，更是一个人服饰穿搭中不可或缺的核心要素。它赋予了服饰生命，让每件单品都展现出独特的情感个性，成为引领潮流的关键因素。

神秘的黑色，淡雅的白色，明亮的黄色，冷静的蓝色，温暖的橙色，儒雅的灰色，不同色彩深受各类人群的喜爱；各种格纹、撞色、拼接、对比等色彩搭配，也不断给人制造惊喜。巧妙的色彩运用能够瞬间提升气质，让平凡装扮焕发出不平凡的光彩。

色彩的情感传达

不同色彩传递不同的情感与个性。蓝色深邃沉静，给人以端庄之感；白色纯净无瑕，营造清新脱俗的视觉效果，凸显优雅气质；糖果色亮丽轻盈，充满青春活力，演绎俏皮时尚风格。

色彩的明度与饱和度同样影响情感共鸣。同样是蓝色，水蓝色如清澈湖面，令人宁静平和；午夜蓝似深邃夜空，更显沉稳有力。

因此，通过精心设计的色彩搭配，我们不仅能调节自身情绪，还能为他人营造舒适愉悦的氛围，让色彩真正成为沟通情感的桥梁。

色彩搭配的基本常识

色彩的整体搭配至关重要，需要根据场合与需求精心考量。

如果你要出席正式的场合，建议选择同一色系的着装，如全蓝色或纯白色系列，能彰显高雅与庄重的气质。若想更喜庆或张扬个性，选择红色着装，更容易给人强烈的视觉冲击。

此外，我们还可以巧妙地运用上半身色彩的深浅搭配来营造显瘦效果。

内浅外深搭配

显瘦效果：深色外搭像给身体打阴影一样，从视觉上达到显瘦效果。这种搭配方式能很好地凸显内搭的明亮感，同时让整体造型更有层次感。

提亮肤色：浅色内搭能够提亮肤色，特别适合肤色偏暗的人，这种搭配会让人看起来更加精神。

内深外浅搭配

视觉焦点：深色内搭能更快吸引视线，当深色内搭露出一小部分时，会给人“只有这么瘦”的错觉，从而在视觉上显瘦。

灵活性：内深外浅搭配在色彩和款式上的选择更为灵活，可以根据不同场合与心情进行搭配。

综合考虑

色彩对比：无论是内浅外深还是内深外浅的搭配，都需要足够的色彩对比。通过色彩的对比，可以拉伸、延长身体线条，达到显瘦效果。

体形特征：每个人的体形特征不同，需要根据实际情况选择搭配方式。比如身材壮硕但比例匀称的人可能更适合内深外浅；腰胯部相对粗壮的人，可以选择内浅外深搭配，利用深浅撞色可以弱化腰部线条。

因此，哪种搭配方式更显瘦不能一概而论。在选择搭配方式时，需要根据自己的实际情况、色彩对比，以及场合需求来综合考虑。同时，适当的敞口穿衣也是显瘦搭配的关键之一。无论是内浅外深还是内深外浅，只要搭配得当，都能达到很好的显瘦效果。

还有一些女性，她们想让自己的皮肤看起来更白皙，靠近面部的地方可以选择偏浅、明亮的色系，能有效提亮肤色。其他部位则可以选择稍微深一些的色调，这样既能增添立体层次感，又能达到显瘦又显白的效果。

此外，上下身之间的色彩搭配也不容忽视。比如上身穿浅色，下身穿深色，这样的对比可以让人看起来更加轻盈。若上半身较丰满，下半身较纤瘦，则可以选择上深下浅的搭配方式，以平衡整体身形，达到扬长避短的效果。

色彩搭配的原则

在搭配色彩时，我们需要依据场合的整体氛围来调整策略。例如，周围人普遍选择柔和色调着装时，如果你的穿着过于鲜艳，就会显得格格不入，破坏整体环境的和谐感。

我建议大家根据三个原则来选择服装色彩。

首先，符合你的个人风格；

其次，与所处场合的氛围匹配；

最后，与你期望展现的形象、气质一致。

从着装搭配的美学原则来看，我建议搭配的颜色不超过三种。举例来说，若你同时穿着红色、黄色和蓝色的服装，这三种鲜明的色彩组合在一起，会显得过于繁复花哨。相反，你穿浅蓝色、深蓝色和橙色的衣服，这样的搭配往往能成为引人注目的亮点，既和谐又有吸引力。

当两种颜色是邻近色（见图 3-1 中浅蓝色与深蓝色的搭配）时，在视觉上会被视为统一色系的一部分，并不会增加视觉的繁复感。

图 3–1　邻近色搭配示例

对于非正装场合的着装选择，可以灵活多变。你可以根据自己的性格特点来选择：相对温柔优雅的女性，建议遵循“三色以内”的原则，以凸显淡雅柔和的气质。若你想体现休闲、活泼或洒脱的感觉，则不必拘泥于色彩数量的限制，整体选择一些轻快明亮的色彩，同时符合所处场景的氛围就可以了。

仔细观察不难发现，市面上有些服装的色彩丰富，它们的设计既顺应了时代的审美潮流，也锁定了某些特定年龄层的消费群体。

我有一位四十多岁的女性学员，先生经商，家境优渥。和许多刚步入中年的女性一样，她希望通过穿着多彩花色的服装来展现活力与年轻感，却常常因为选择不当而适得其反，显得不够时尚。她越是精心打扮，反而越显得与时尚脱节。她的先生不愿意带她出席公开场合，有一次甚至直言不讳地说："你穿得太土了。"

这句话深深刺痛了她，让她产生了强烈的危机感，于是找到我寻求帮助。我向她讲解了色彩搭配的基本原则，帮助她理解如何通过色彩提升整体形象与气质，并提供了专业的建议。

采纳了我的建议后，她开始调整自己的穿衣风格。不久后，她的形象气质都有了明显提升。这种改变引起了朋友们的注意，纷纷向她请教穿搭技巧。先生对她的态度也发生了很大转变，不仅愿意带她出席各种场合，还因为她优雅出众的气质而感到自豪。

色彩搭配是穿搭中的关键环节。许多人虽然在其他方面表现得出色，却常因色彩搭配不当，导致整体形象大打折扣。不同个体与各年龄段的人群，都有适合自己的色彩搭配方法。只要把握好自己的特点，运用好色彩，你的穿搭就成功了一大半。

不同场合的色彩搭配原则

在不同的场合，色彩搭配的原则各不相同。

第一，日常场合

日常场合，建议选择柔和且饱和度较低的色彩，这样既舒适又易于搭配。若适当提高一点色彩的亮度，更能增添一份明快与活力，让人看起来精神焕发（见图 3-2）。

图 3–2 日常搭配示例

第二，职场环境

在职场环境中，建议选择更为沉稳的色调（见图 3-3），饱和度较低的颜色为首选，整体亮度上应稍暗于日常装扮，以展现出专业与严谨的形象。

图 3-3　职场搭配示例

第三，社交聚会

社交聚会中，为了营造轻奢而高雅的氛围，首选亮色调。这种亮色调并不是指高饱和度的鲜艳色彩，而是在面料的选择上增加一点“小心机”，比如呈现珠光感的面料，能让穿搭在低调中彰显不凡品位（见图 3-4）。

图 3-4　社交聚会搭配示例

第四，运动、休闲与户外

在运动、休闲与户外这些充满活力的场景中，色彩选择可以更加鲜明亮丽，同时注重面料的透气性与功能性，确保色彩美观的同时，还能适应各类活动的需求（见图 3-5）。

图 3–5 休闲搭配示例

第五，演讲或舞台

在舞台上，我们要根据演讲的主题来选择合适的色彩。例如，在讲述主旋律主题的内容时，选择深色调以体现我们对历史的缅怀和致敬之情。

在盛典等隆重场合，我建议选择红色等热烈、喜庆的颜色（见图 3-6），以此表达内心的喜悦与欢庆之情。

对于其他主题，如致敬母亲或在其他特殊节日，色彩选择应精准传达相应的情感与氛围，与主题内容相吻合即可。

图 3-6　隆重场合搭配示例

色彩与性格的关系

色彩的选择与个人的性格特点密不可分。

进行服装搭配时，如果我们选择了与自己性格相悖的色彩，即便搭配得当，也可能显得突兀。这种不协调往往源于对某些色彩的驾驭能力不足。

例如，钟爱黄色的人，通常具有较强的掌控欲，渴望成为场景中的主导者。因此，这类人通常给人气场强大的印象，他们容易成为众人瞩目的焦点。相反，性格温柔、内敛、低调的人，他们则难以驾驭黄色，无论穿着金黄色、明黄色还是柠檬黄色的服装，都可能产生违和感。

红色是极具表现力的颜色，会传递出强烈的表达欲，对于性格安静、不善社交的人来说，红色并非最佳选择。

喜欢绿色的人，通常性格平和、善解人意。需要注意的是，性格外向、言辞犀利的人，不建议穿绿色，以免给人带来反差感；相反，如果是性格温和、善于倾听的人，则非常适合绿色，无论是清新淡雅的浅绿色、沉稳内敛的深绿色，还是生机勃勃的嫩绿色，都能很好地体现其性格魅力。

喜欢蓝色的人往往性格平和而不失自我坚持，彰显沉稳与知性，凸显逻辑思维与高效处事能力。蓝色特别适合职场人士，能塑造专业可靠的形象。

对于肤色较白的女性，建议多穿紫色衣服。比如皇室紫，能提升整体的高级感。选择真丝或厚缎面料的紫色衣物，更容易营造出一种优雅的贵族气质。但需要注意紫色对肤色较为挑剔，肤色偏暗者需谨慎选择。

色彩不仅是内心世界的映射，也是时尚潮流的风向标。当然，我并不推崇大家盲目地追求流行趋势，探索并坚持自己的个人风格才是应做的。展现出自己真实的风格，才是最有生命力的，也是最能打动人心的。

那么，当你了解了色彩搭配知识后，你是否深度了解了自己，并且找到了适合自己的色彩？计划怎样运用色彩来提升形象呢？

妆容魔法：邂逅更美的自己

除了精挑细选的服装搭配之外，打造一个精致、细腻、自然、得体的妆容，也是塑造我们整体形象中至关重要的一环。通过巧妙的色彩运用、精细的轮廓塑造，以及恰当的质感呈现，妆容不仅能有效修饰面容，彰显个性与气质，更能提升整体形象的和谐度与魅力值，为社交活动增添光彩。

化妆的常见误区

误区一：喜欢面面俱到

化妆时，许多人喜欢使用厚重的底妆来遮瑕，追求眼睛要变大、唇形要好看、眉毛要浓密，腮红也必不可少，认为这样才能提升气色，但这种面面俱到的修饰方式，不仅无法突出个人特色，反而容易让整体妆容显得平庸。

化妆的真正目的在于增强面部立体感与五官精致度从而美化自己的容貌。例如，合理运用高光阴影，可以使鼻子显得更加挺拔，或者让整个面部的立体感得到强化。每个人都有自己独特的面部特点，化妆应遵循扬长避短的原则，而非一味掩盖那些所谓的“不完美”。

误区二：过于突出妆效

有些人认为，化妆的目的是让别人一眼看出自己化了妆。其实好的化妆效果，应该是妆容与面部自然服帖，不着痕迹地提升美感。若能达到“无痕妆效”，化妆后别人看不出来，反而更能展现精致与气质。

误区三：追求“变身”效果

有些化妆者希望妆容能让自己“焕然一新”，甚至判若两人。在日常生活中，这种理念并不可取。化妆的真正价值在于增强自信，同时表达对场合的尊重。只有理解了这一点，化妆才能超越表面的修饰，成为个人风格的体现。

误区四：色彩至上

化妆不是简单地涂抹颜色，让面部成为一个艳丽的“调色盘”，而是一种自我表达与情感传递的方式。我们通过化妆，可以使肤质更透亮，唇形更自然，眼睛更深邃、更有神采。在这个过程中，我们学会接纳自己、欣赏自己，最终展现出独一无二的魅力。

不同场合的妆容

之前曾经流传过这样一个有趣的段子：

有些女性精心化了很浓的妆，只因没有涂显色的口红，先生会问："你今天怎么没化妆？" 相反，另一些女性只涂了口红，其他部位都没化妆，先生会说："你怎么化了这么浓的妆？"

由此可见，每个人对淡妆和浓妆的认知存在差异。化妆熟练者与新手之间、男性与女性群体之间，大家对于"妆容浓淡"的解读都不尽相同。

一般来说，淡妆素净雅致，清新自然，更适合日常和职场；浓妆因华丽庄重的特质，更适合舞台等隆重场合。我们需根据不同场合选择合适妆容，不能过于粗糙，也不能过于浓艳，要把握好度，力求恰到好处。

日常妆容：自然而轻盈

生活中，无论是外出游玩还是日常交流，淡妆都是最佳选择。以眼妆为主，底妆越轻薄越好。口红无须过于强调，旨在提升气色。运动场合，建议底妆使用防汗、防晒的产品，以清透、轻薄、流动性和延展性强为选择要点，以确保妆容持久且舒适。

职场妆容：专业与可信

在职场上，妆容须偏向中性，既能展现女性的精致美感，同时又不失专业领域的可信度。眼睛部位的妆容细节处理尤为关键，可以选择质感轻盈的睫毛膏，使眼睛显得更有神，而不是盲目追求浓密厚重的睫毛与刻意放大眼睛的效果。

口红的颜色不宜太浓。很多人因喜欢“微笑唇”的效果，习惯将唇峰画得非常明显，这虽是一种流行趋势，但在职场中并不适合，显得很突兀。保持唇形的自然柔和之美，可以塑造亲和与专业的形象，有助于职场沟通合作的顺畅进行。

职业妆容强调的是中性、精致和可信度，三者缺一不可。

商务应酬妆容：轻奢与精致

在商务应酬场合，女性宜展现轻奢精致的气质，营造出优雅、高级的气场。此时皮肤护理是关键，最好展现出皮肤水润透亮的质感。我建议在参加重要宴会或社交活动前敷一张面膜，以提升整体皮肤的质感。

在唇妆方面，选择不易沾杯的口红尤为重要，以免在应酬过程中留下尴尬印记。若口红不慎沾杯，从容地拿起纸巾擦拭掉印记即可。当然，宴会前先擦掉唇部多余的口红，效果会更好。

我有时看到一些朋友悄悄用手指抹掉杯口的口红，这种举动容易给人留下不够细致、不重视该场合或缺乏应对此类情况技巧的印象。我们曾经做过一些调查，发现很多成功人士都很反感这种行为，他们更欣赏并尊重那些在细微之处展现出良好素养与职业风范的女性。

高光和暗影的利用

在化妆方面，高光与暗影的运用，如雕塑家手中的刻刀，于细微之处雕琢出面部轮廓的完美线条。它们不仅能让我们的面部优势得以凸显，更可以巧妙地弱化不足之处，助力我们塑造出立体且富有层次的妆容效果，让我们在人群中绽放独特魅力。

那么，如何利用高光和暗影来修饰脸部的轮廓呢？接下来，我们用两个主要场景来举例说明。

专业摄影室里的精雕细琢

在专业摄影室，模特需要在镜头前展现出极致的面部立体感，高光与暗影的巧妙搭配，成了打造完美妆容的关键。鼻梁、鼻尖、唇峰、笑肌和眉骨等部位，在高光的“轻抚”下，可以瞬间变得立体而生动；下巴处的高光，能有效拉长脸型，让整体面部轮廓更加和谐流畅。但切记要过渡自然，化妆师要具备专业的化妆技巧才能避免突兀感。

日常生活中的自然提升

在日常生活中，相比暗影，我更加推荐大家使用高光。高光可以通过提亮来强化面部特征，让五官的立体感更强，更显精致与优雅。

选择高光时，淡色调是首选。相对于纯白色而言，我更推荐使用乳白色。淡雅柔和的乳白色既能有效提亮，又不会因太亮而显得过于突兀。

除了高光，一部分追求特定妆容效果的女性，偏爱使用暗影。有些朋友喜欢小 V 脸，但因其咬肌比较突出，会在脸颊两侧打一些暗影，以此达到瘦脸的视觉效果。但我建议谨慎使用，因为不当的暗影处理可能会让妆容显得脏乱，影响整体美感。

眼影色彩的搭配

在化妆过程中，眼影色彩的选择与搭配，远比服装色彩更需细致。

当我们远距离观察一个人时，服装的色彩会在视觉中融合成“色块”，难以分辨细微差别。而在近距离的交流中，我们注视对方时，眼影的色彩就会非常显眼，成为表达个性与情感的重要媒介。

我推荐女性朋友尝试使用“大地色系”的眼影，比如棕色、褐色、带咖啡色调的粉色与红色等，这些色彩不仅易于搭配各种服饰，还能打造出自然、优雅且不失个性的眼部妆容，是真正的百搭之选。

还记得 2000 年的时候，蓝色与绿色的眼影风靡一时，成为流行的标志。人们认为只有涂上鲜艳颜色的眼影才能彰显化妆的效果。这也是我前面讲的一个化妆的误区。我建议无论年轻还是成熟女性，都应避免使用过于跳跃的绿色与蓝色的眼影。纯度过高的眼影色彩更适合用于展现个性的摄影妆容与舞台妆容，而在生活和职场中，偏沉稳的色调才是更好的选择。此类色调不仅能更好地与妆容、服饰搭配，还能展现出专业而又不失亲和力的“中性美”。

如果从职场转换到应酬场合，可以在眼影中加入一些珠光感强的配色，以增加光泽度和轻奢感。

化妆的诀窍在于“适度”：不依赖浓重的底妆来遮盖毛孔，而是要保持皮肤的清透感；在色彩的运用上适当做减法，不做繁复的色彩堆砌；眼睛或唇部选择其中之一作为重点打造即可，不需要面面俱到，以免失去整体的平衡与和谐。

那么，当你精心打扮好自己，你是想让大家因为你妆容的精致而赞叹你变得更加美丽，还是仅仅注意到你化了妆呢？

配饰点亮整身穿搭

配饰是整体搭配中的点睛之笔，与色彩一同成为佩戴者的个性与情感的独特语言，也是人们在不同场域中塑造自我形象的得力“助手”。

一个人的配饰选择，往往在不经意间透露出审美偏好。珍珠饰品饱满圆润、色泽柔和，给人一种宁静、温婉、典雅的感觉；而闪闪“发光”的饰品，无论是精细切割的钻石、晶莹剔透的水晶，还是亮面设计的黄金、铂金、白银饰品，都因为它们的切割面有棱有角，或者进行了精细的抛光处理，让人举手投足间释放自信的光芒。

配饰搭配得当，能增加整体造型的时尚感，完美衬托独特气质；若搭配不当，则可能适得其反，削弱整体美感。过度使用配饰，如把不同类型的项链、耳环、手表和胸针都佩戴在身上，想以此来彰显自己的精致与高贵，可能反而给人一种杂乱无章、缺乏品位的印象，就像一个行走的“货架”，失去了应有的雅致与和谐。

饰品搭配的误区及调整建议

配色不当

搭配饰品时，常见的一个误区是选择了与自己肤色不匹配的饰品。为避免这一问题的出现，我们考虑选择最基础的两种色调：金色和银色。

通常，金色饰品更适合暖色调肤色，偏暖的金色能让饰品产生一定的投影效果，为佩戴者增添温暖感与立体感；而银色饰品则更衬冷色调（血色较弱的肤色）或白皙的肤色，为佩戴者增添一份清新脱俗的美感。

我建议大家先了解自己肤色的冷暖特性，再选择合适的饰品。如此选择才能够避免失误，使饰品与肤色相得益彰，展现最佳的视觉效果。

款式不匹配

另一个常见的误区，所选饰品款式与自身个性或所出席的场合不符。例如，有些女性偏爱戴大耳环，其实她的面部特征更适合佩戴耳钉；同样，在正式场合佩戴过于休闲或夸张的耳饰，也会显得不够得体。

项链也是如此。项链有吊坠款、光圈款、Y 字形款、水滴款，以及珠链等款式，具体可根据颈部线条、脸型，以及出席的场合来选择适合自己的款式。例如，Y 字形款项链有拉长脸型的视觉效果，适合圆形脸；而光圈款则更适合菱形脸等。

在选择饰品时，应充分考虑自身的脸型特点、个性风格，以及出席的场合，真正实现饰品对整体造型的点缀与提升的作用。

饰品搭配的原则

饰品因其颜色、材质与切割面的多样性，不同佩戴者，能展现出截然不同的风格与独特的气质。

在进行饰品搭配时，我们可以遵循以下四个核心原则：

原则一：数量控制

在正式场合或职场环境中，我们佩戴饰品应遵循“不过三”原则。这里的“三”并非指耳环、项链和手表的款式数量，而是指全身饰品的亮点总数不超过三个。例如，我们已经佩戴了一对引人注目的耳环，建议只搭配一块简约的手表、一枚戒指或一条项链，如此便简约又高级，否则超过了三个亮点，会造成视觉上的繁复或拥挤感。

如果衣服上的扣子很显眼，这也算是一个亮点，此时应相应减少其他饰品的数量。在职场中，我建议优先佩戴简约风格的手表，以展现专业与干练的形象。

原则二：材质匹配

选择饰品材质时，应考虑与个人性格及场合的契合度。例如，钻石的璀璨夺目与个性张扬、追求闪耀的人相契合；而珍珠、蜜蜡、翡翠等的温润，更能体现温婉内敛之人的优雅气质。材质的选择不仅关乎美观，更是个人品位的体现。

原则三：色彩协调

肤色是选择饰品色彩的重要参考，同时，饰品的色彩也应与着装色彩相协调。通常来说，同一色系但略有不同的搭配，可增添优雅气质，达到视觉上的和谐；而反差较大的色彩搭配，充满动感，具有强烈的视觉冲击力。

原则四：量感平衡

饰品的量感必须与个人的身材特点相协调。一般来说，身材适中的女性在配饰选择上限制较少。如果是身形娇小的女性，想要表达轻松、自在、时尚的感觉，可以优先选择“大量感”的配饰，比如夸张的耳环、大号项链等；若是骨架偏大，身形丰满的女性，想要展现高雅的格调，可以选择“小量感”的配饰，比如精致小巧的耳环、耳钉等。

记得我初入职场时，购买了一条树脂质地的项链，经常用它来搭配衣服。这条项链仅仅花了十几元钱，却因它独特的设计赢得了大家的喜爱。这段经历让我意识到，饰品的价值并不完全取决于价格，而在于它如何与我们的气质相融合。

那时，我所在的班级多次摘得销售桂冠，受人瞩目。其实我并没有使用过多的销售技巧，却在无形中赢得了客户的信赖，顺利促成了交易。后来领导的一番话提醒了我，他说，即使我没有刻意进行销售，但我良好的个人形象自然而然地吸引了客户的注意力，进而对我们的产品心生信任与偏爱。

从那以后，我开始认识到个人形象在人际交往中的重要性，并注重饰品的选择与佩戴。如果我出席一场晚宴，身着一条黑色的裙子，我会精心挑选佩戴一件翡翠饰品，让它成为整体搭配中的亮点。

需要注意的是，品质上乘的翡翠更适用于正式或重大的场合。虽然很多人喜欢佩戴镶钻的翡翠饰品，但由于过于张扬，并不适合日常佩戴。若你有意彰显身份，或者你从事珠宝相关的行业，可以根据实际情况进行选择。

不同场合的配饰选择

在多元化的社交与职业场景中，巧妙运用与场合契合的配饰，既能精准传达个人风格与审美品位，还能助力我们更好地融入环境氛围，展现社交智慧。

在此，我为大家提供一些优化配饰选择的建议，以适应不同场合的需求。

职场

职业场景，我们需要体现稳重、专业与可信任感。因此，在选择与服装或场景相匹配的配饰时，我推荐大家选择小量感且设计精致的配饰。

有切割面的钻石、宝石类的配饰，能凸显佩戴者的精英气质，是职场人的理想选择。如一套剪裁得体的职业装，配以精致小巧的钻石耳钉，就能把人衬托得干练有素。为避免过于张扬，我们可以选择光泽度稍低一些的钻石或宝石，以显示稳重可靠的特质。

日常

日常生活为我们提供了更多展现个性的空间，配饰选择可充分展现个人审美偏好。你想展现时尚感与女性魅力的一面，可以选择大光圈的耳环、流苏耳坠或是珍珠、钻石甚至是树脂等材质的项链，这些饰品均能轻松搭配各种休闲或日常装扮，让每一天都充满新鲜感。

社交

正式社交场合须营造轻奢高雅氛围，我建议选择偏圆润与女性化特质的配饰。珍珠堪称首选，它比钻石更能展现出典雅高贵的感觉。质地莹润的珊瑚、琥珀、玛瑙、宝石等也不错，你可以根据自身的需要进行搭配。相比之下，黄金饰品虽然华丽，但在正式社交场合却不是最优选择，它更适用于日常生活中，或者是一些喜庆、节日氛围浓郁的场合。

我曾经参加过一场大型的商务活动，企业的代表们对这场活动非常重视。然而，在活动中，一位服务人员佩戴的耳环叮当作响，与整个会场的庄重氛围严重违和。管理人员及时注意到这一细节，他立即采取措施，对其进行了形象礼仪指导，并表示未来需要启动形象管理培训。

这一事件也提醒我们，根据不同场合选择合适的配饰至关重要。尤其在商务应酬场合，如果配饰搭配不当，不仅破坏场景协调性，更可能削弱专业可信度。

配饰和服装的搭配技巧

在观察配饰与服装的搭配效果时，我发现，与服装关系最密切的配饰不是耳环、项链或手表，而是那些看似不起眼的腰带、胸针、丝巾和发夹（簪），它们不仅能够点缀服饰，更能巧妙地重塑整体风格。

例如，一条原本休闲风格的宽松连衣裙，只需束上一条腰带，便能优化身材比例，瞬间凸显身形曲线。若再加上一枚精致的胸针，便能将休闲的气质转化为庄重高雅。由此可见，一个小小的配饰，也拥有改变整体气质的“魔力”。

胸针

胸针的佩戴位置对于展现个人气质与身份至关重要。胸针越靠近肩膀佩戴，所传达的权威感越强，代表着佩戴者的职位级别越高。标准的佩戴方式是将胸针置于胸部上方，这样既得体又符合传统审美。若要突出腰线，可以把胸针佩戴在腰间，这样会有点睛的效果。但前提是个人腰线优美，否则可能会适得其反，不建议轻易尝试。

丝巾

丝巾是一种消除服装沉闷感、提升时尚度的利器。它不仅能够修饰我们颈部的线条，更能在不同搭配中展现出多面的魅力。

当我们的服装色彩过于鲜明跳跃时，巧妙地搭配一条与之相宜的丝巾，能有效平衡视觉上的跳跃感，使整体造型回归和谐与雅致（见图 3-7）。

图 3–7　丝巾搭配示例 1

丝巾的多功能性不可小觑，它既可以增添女性的柔美气质，也可以瞬间转化其风格，展现中性魅力。例如，当我们穿着V领职场风格的衣物时，把丝巾以项圈的形式环绕于颈部，便能凸显女性的温婉精致。而当我们穿一件干净利落的白衬衣，将长条丝巾用领带的系法垂坠在胸前，瞬间又会让我们变得英气十足。

将丝巾作为发饰应用也十分出彩。例如，它可以变成发带缠绕于我们的发间，也可以作为一个装饰品点缀在发髻上，为简单的发型增添一抹亮点。如果我们将丝巾系在包包上，可以使一个原本颜色略显单调乏味的包包，瞬间增添轻松、随性的感觉，有助于打破稍显沉闷的职场氛围。

丝巾的色彩与图案丰富多样，如果想搭配稳妥，优先考虑色彩明快的几何图形（条纹、格子等），或者选用一些经典的图案。单色款由于色块面积较大，搭配衣服需要一定的技巧，对肤色也有一定的要求，若搭配不当，容易显得“扎眼”，需要谨慎选择。

如果经济条件允许，可优先选择真丝材质的长条形丝巾。它适用于各种场合，不仅可系于脖颈、与多种服饰搭配，还可作为发饰、包包的配饰等。相比之下，大方丝巾或大长丝巾则更适用于休闲时光或外出拍照等特定场景（见图3-8、图3-9）。

手表

手表也是重要的饰品。它不仅是时间的守护者，更是提升个人形象的关键，是专业与品位的象征。手表款式非常多，包括简

图 3–8　丝巾搭配示例 2

图 3–9　丝巾搭配示例 3

约款、时尚款、计时款、潜水款、运动款等，不一而足。手表表盘颜色丰富，表带材质也五花八门，因此佩戴手表的时候，需要根据个人喜好、肤色、服装搭配等进行选择。

头饰

头饰的选择，我建议以简约高雅为主。珍珠发夹适合优雅造型，仿钻款式增添精致感，传统刺绣发簪须与汉服等特定服饰搭配。近期兴起的国潮风头饰，为现代造型注入传统文化基因，但须避免元素堆砌造成的违和感。

包

近期时尚界兴起了一股“朋克风潮”，以金属链子、铆钉等带有“硬朗”特质的元素为标志，其前卫的设计，看起来很酷、很特别，受到了许多人的喜欢。虽然它别具一格，却对穿着者的气质提出挑战，特别是对于那些具有温婉、优雅气质的女性而言，朋克风可能显得过于张扬不羁。

记得在一次形象管理课堂上，大家一起探讨如何通过背包来展现女性的优雅。其中一位女学员穿着一身轻盈飘逸的裙子，却出人意料地背了一款朋克风格包，因强烈的反差感瞬间成为全场的焦点。现场有人调侃她“为什么要背这种包”，她机智地以“安全防卫”为由化解了尴尬。

这个例子说明，在追求个性表达的同时，我们也需要考虑到不同着装、不同环境对配饰的具体要求。

双肩包因其大容量与便捷性，成为不少职业女性的选择，尤其是对于身兼数职、生活节奏快的女性而言。

一位非常勤奋的宝妈，既要照顾孩子，又要操持很多家务，同时还兼顾一些兼职的工作。因此出行时习惯背双肩包，因为这款包容量足够大，能装很多东西。然而，在一次重要商务洽谈中，当她从双肩包里拿出文件时，不小心掉出了卫生用品而影响了专业形象，让在场的领导对她产生了不满。

大型企业往往更注重合作伙伴的整体形象，认为这反映了专业态度与职业素养。如果对方没有达到预期的标准，合作可能就无法达成。

这位宝妈在向我寻求建议后，我帮她选择了一款适合职场并能满足她需求的大容量手提包。这款包设计简约而不简单，材质比较挺括，无论是放置还是携带，都能体现出职场女性应有的知性美与干练气质。

我建议每位女性至少准备以下三款包，以应对不同场合的需求：

第一款，日常生活中不可或缺的休闲包。其风格、材质、形状，以及容量的大小，都可以根据自己的喜好与需求来选择，无须拘泥于特定规则，只要与日常装扮和谐搭配即可。

第二款，适用于职场，正式且不失个性的职业包。相较于线条过于硬朗的公文包，我更推荐选择容量充足的梯形包。材质方面，选择质地偏硬、线条流畅的包，如小牛皮等耐磨抗刮的材质，既能保持包型挺括，又能彰显职场女性的干练与知性。

第三款，适用于应酬与商务场合的手拿包。我建议选择外立面光泽感强的包，设计简约而不失高雅，能瞬间提升整体造型的档次。一款精致的手拿包，能在重要场合为你增添不少光彩。

配饰与服装的搭配是一门艺术，需要我们用心去感受、去尝试、去创新。只有掌握了其中的技巧与窍门，我们才能在不同的场合展现出最美好的自己。

配饰的选择不在于多，而在于精。每个人的常用配饰清单不尽相同，关键在于它们能否在特定场合下发挥最佳作用，比如经典款耳环能提升日常装扮的精致感，优雅风项链能为晚宴增添一抹亮色，简约风包能提升商务场合的专业形象……了解并善用配饰，能让我们的每一次亮相都更加自信得体。

那么，你常用的配饰清单是怎样的？这些配饰分别在什么场合起到了什么作用？

探索自身风格，定义独一无二的你

一般而言，穿搭风格可以根据场合的不同分成五大类别。

休闲穿搭，注重舒适与随性；

职场穿搭，强调专业与干练；

应酬穿搭，展现庄重与品位；

约会穿搭，侧重优雅与魅力；

聚会穿搭，传递个性与生活态度。

如何找到自己的穿搭风格

在成长的过程中，我们的穿搭选择往往从简单的喜好出发，逐渐过渡到对自我认知的深度探索。小时候，我们或许会因为某件衣服的新奇感或视觉吸引力而冲动穿上，而不考虑它与自己的身材、气质的契合度。随着阅历的增长，我们开始寻找心仪的榜样，模仿她们的穿搭风格。直到我们真正理解自己的身形特点和风格表达的需求，从而找到更适合自己的穿搭风格。

那么，我们该如何探索并确立自己的穿搭风格呢？

首先，深入了解自己的身材类型。

X 字形（沙漏形）：这类体形的人拥有凹凸有致的曲线，身上少有赘肉，堪称“女神”级别了。在社交场合中，X 字形身材的女性没有限制，可以尽情展示自己的身材，而在职场上，“身材”则是一个非常敏感的话题。女性过于突出的外貌与身材，容易让人产生刻板的“花瓶”印象，而忽视其背后付出的努力。因此，在职场上，我建议 X 字形身材的女性尽量穿职业装，以强化专业形象。

H 字形（直筒形）：这类体形的人，肩部、腰部和胯部基本是等宽的，常被视为职场精英的代表。她们的管理能力、逻辑能力相对较强，执行力也很强。因此，我建议她们选择收腰曲线较好的职业装款式，以增强女性魅力，避免过于硬朗的视觉效果。在社交场合中，选择可修饰身形的衣服，但应避免非常紧身的衣服，这会暴露身材的缺点。

O 字形（苹果形）：这类体形的女性上半身较为丰满，尤其是大臂、腹部等部位赘肉较多，她们通常会为此感到焦虑。我建议这些朋友尽量选择材质挺括、剪裁简洁的衣服，避免过于贴身的设计，以平衡整体比例。

A 字形（鸭梨形）：这类体形的女性下半身较丰满，特别是臀部与大腿部位，在选择服装时，可以考虑穿 A 字裙、阔腿裤等服装，来修饰腿部线条，起到美化身形的效果。

T 字形（倒三角形）：T 字形身材与 A 字形身材完全相反，肩围大于臀围，背厚且易显脖子短，上身显健壮。我建议选择 V 领衣服拉长颈部线条。

其次，通过服装的搭配来扬长避短。

不同的身材有其独特的魅力，关键在于如何通过服装搭配来强化优势、弱化不足。

上述五种身材类型的服装搭配方案如下：

X 字形（沙漏形）：

上装。选择能够凸显腰部线条的上衣，如紧身或收腰款式。V 领、U 领等款式可以拉长颈部线条，显得上半身更瘦。颜色可以选择与下装相协调的色彩。

下装。选择能够展现臀部线条的款式，如包臀裙、紧身裤等。同时，高腰款式的长裤或裙子也能够拉长腿部线条，使整体身材看起来更加修长。

配饰。可以选择一些简约而精致的配饰来点缀，避免过于烦琐的设计。

H 字形（直筒形）：

上装。选择有设计感的上衣来突出上半身，如带有荷叶边、褶皱、泡泡袖等元素的款式。颜色上可以选择明亮的色彩，或是有图案的款式，以增加视觉层次感。

下装。选择高腰款式的长裤或裙子，能够拉长腿部线条，营造腰线。A 字裙、蓬蓬裙等款式能够增加下半身的曲线感。

配饰。利用腰带等配饰来强调腰线，同时可以选择一些有层次感的项链、耳环等配饰来丰富整体造型。

O 字形（苹果形）：

上装。选择宽松或合身的上衣，避免过于紧身的设计。V 领、U 领等款式可以拉长颈部线条，显得上半身更瘦。颜色上选择柔和的浅色或中性色，如米色、浅灰色，避免过于鲜艳的色彩。

下装。选择高腰款式的长裤或裙子，能够拉长腿部线条，使整体身材看起来更加修长。深色系的下装同样具有收缩效果。

配饰。利用腰带等配饰来强调腰线，同时选择一些有层次感的上衣或外套来平衡上半身比例。

A 字形（鸭梨形）：

上装。选择宽松或有设计感的上衣来平衡下半身比例，如 V 领、船领、大圆领等款式，可以拉长颈部线条，显得上半身更瘦。颜色上可以选择明亮的色彩，如浅粉色、天蓝色等，以吸引视线。

下装。选择能够修饰下半身线条的款式，如 A 字裙、直筒裤、阔腿裤等。深色系的下装（黑色、深灰色、海军蓝）具有收缩效果，能有效弱化下半身的丰满感。

配饰。利用腰带等配饰来强调腰线，拉长下半身的比例。

T 字形（倒三角形）：

上装。选择能够弱化肩部线条的上衣，如 V 领、U 领等款式。避免过于复杂或横向拉宽的设计元素。颜色上可以选择深色系或冷色调来缩小肩部的视觉宽度。

下装。选择能够扩充下身量感的款式，如 A 字裙、蓬蓬裙、阔腿裤等。同时，高腰款式的设计也能够拉长腿部线条，使整体身材看起来更加协调。

配饰。可以选择一些有层次感或设计感的配饰来丰富整体造型，同时利用腰带等配饰来平衡上下半身的比例。

不同身材类型在服装搭配上有各自的技巧。通过合理的搭配，可以充分展现每个人的身材优势和个人魅力。

探索并确立自己的穿搭风格，是一个既有趣又充满挑战的过程。

它需要我们不断地认识自我、尝试新事物，并学会在不同场合灵活应变。

当你真正找到属于自己的风格时，你会发现，每一次的穿搭都是一次美好的自我表达。

打造专业形象的方法

无论你身处何种领域，建立自己的专业形象都是非常重要的一项能力。**打造适宜的专业形象，是对职业、他人和场域的尊重，更是个人魅力的展现。**

以下几个实用的穿搭方法，能助力你的专业形象实现优雅蜕变：

如何穿出贵气

年轻的女性可能在穿衣打扮上喜欢张扬个性，乐于尝试各种前卫、时尚的元素，以此来表达自我，展现独特的魅力；而成熟女性，往往更加注重服饰的品质与内涵，偏爱经典、优雅的设计，追求的是那种能够衬托出自身气质与阅历的贵气风格。

想要穿出贵气，有个朗朗上口的穿搭口诀，推荐给大家。

穿素不穿花，品位的高级；

穿长不穿短，身形的高级；

穿挺不穿塌，质感的高级；

穿简不穿繁，气质的高级；

穿浅不穿艳，优雅的高级。

有些女性可能认为贵气只适用于特定的场合，比如高端商务场合、豪华晚宴等，其实不然，贵气也可以在日常穿搭上得到体现。例如我们平时穿搭“出场率”最高的舒适休闲装，花点小心思，也可以巧妙地体现贵气。

休闲装要穿出贵气不容易，但如果我们在面料的质感和设计的细节上下功夫，休闲装也能展现出高级感。例如，选用高质量的面料，纯棉中的精品或是带有自然光泽的丝棉混纺、棉麻混纺，能瞬间提升整体造型的档次。

如果预算有限，我们不妨将焦点转向配饰。如一枚设计独特、工艺精湛的胸针，可以提升休闲装的贵气。将胸针佩戴在左肩部，能巧妙营造出一种专业与自信的双重气质。

此外，想将休闲装穿出贵气，颜色不宜过于花哨，应以简约的净色系为主，如灰色、米白或深蓝。同时，要注意材质的选择，避免过于廉价或粗糙的材质破坏整体美感。

就我个人的经验而言，一件灰色调的 T 恤就可以成为跨场合穿搭的理想选择。因为它简约易搭且价格亲民，无论是日常的休闲时光，还是其他需要轻松装扮的场合，它都能完美胜任。

在职场中，我们可以巧妙地利用丝巾，将它作为领饰的替代品。职场服装与普通休闲装的区别，往往就体现在领部的设计上。通过一条丝巾，就能轻松营造出类似正装领口的效果，既保持了职场的专业感，又不失个性与创意。

在社交聚会场合，我们可以让丝巾大放异彩，通过巧妙的折叠与系法，能轻易地打造出具有贵气的薄披肩的感觉。这种方法成本低、简单易行，我鼓励每一位女性都动手尝试，让丝巾这一配饰成为造型变换中的得力助手。

如何穿出温婉感

女性若想穿出温婉如水的气质，可以从面料、色彩与剪裁三方面精心选择。

首先，尽量选择柔软细腻的面料，如丝绸、棉麻等，这些材质轻贴肌肤，行走间会流露出不经意的温柔与雅致。在色彩搭配上，柔和明亮的色调是首选，如浅粉、淡蓝、米白等，都能很好地衬托出女性的温婉与轻熟魅力，让人感受到一种岁月静好的美。

其次，剪裁上应注重流畅与优雅，剪裁极简的连衣裙、曼妙的鱼尾半身裙、简单的A字裙等裙装是极佳的选择。它们能够完美勾勒出女性曼妙的身姿，同时又不失温婉娴静的气质。

如何穿得得体大方

追求得体大方的穿着风格，关键在于整体造型的平衡与适度。

首先，尽量选择同色系或近色系的搭配，这样能够营造出和谐统一的视觉效果，显得人更加稳重可靠。

其次，避免过于女性化的装扮。虽然女性特质有其独特魅力，但在某些场合，适度收敛性别特征，能展现出一种专业靠谱的形象。

在服装的材质与裁剪方面，中性化的风格往往能带来大方得体的效果。例如，我们穿套装，就会给人一种专业与严谨的感觉。但是一味地穿套装，可能会让人感到单调和乏味。我们可以尝试将套装元素进行拆分组合，如穿一条西装裤，再搭配一件简约大方的衬衫，这样的组合既保留了套装的干练感，又增添了时尚感。

关于尝试新风格的建议

许多人担忧尝试新风格会让人感觉不适，事实上，只要你选择的风格契合你的个人特质，不仅不会招致不认同或负面的看法，反而能提升自信。

那么，如何判断一种新风格适不适合自己呢？

首先，要彰显自己身材的优势。如果一种新风格能让我们的身材看起来更优美，那就是正确的选择。

其次，能准确地传达自己的个性与气质。如果新风格与我们的性格特点相契合，让我们感觉自在且真实，那么它也是正确的选择。

再次，须与所处场合的氛围相和谐。例如，对于偏好中性装扮的女性来说，如果穿上裙子感到很不舒服，那么这种风格就不适合你。相反，如果这种风格不会让你过于拘谨和不安，与周围环境又相得益彰，那么这就是适合你的风格。

最后，不必过度在意他人的评价。服饰风格虽然是展现个人形象的关键，但真正起决定性的因素是我们内在能量的流露。当你穿上那些让你感到自信、舒适和愉悦的衣物时，你的整个气场都会随之改变。所以，勇敢地做自己吧，去尝试不同的风格，探索自己的喜好与边界。

穿衣 42 计

在充分了解了自己的身材特征和个性风格后，如果你仍然对穿搭感到困惑，下面这个穿搭锦囊——穿衣 42 计，相信能助你更快、更精准地选出适合自己的服装搭配。

第 1 计：上半身胖，多穿 V 领；

第 2 计：有小肚子，不穿包臀裙；

第 3 计：裤腿阔，上衣收；

第 4 计：要年轻，上衣搭牛仔；

第 5 计：小面积，搭艳色有活力；

第 6 计：个子小，忌长搭长；

第 7 计：个子小，穿高腰线；

第 8 计：皮肤黑，忌大面积鲜艳色；

第 9 计：皮肤黑，忌大面积暗沉色；

第 10 计：皮肤黑，上深下浅；

第 11 计：要显嫩，不要装嫩；

第 12 计：裙摆大，靴筒细；

第 13 计：裙子越修身，鞋跟越细；

第 14 计：裙子越短，靴子越高；

第 15 计：五官直，衣服直；

第 16 计：五官曲，衣服曲；

第 17 计：五官小，穿浅色；

第 18 计：五官大，穿重色；

第 19 计：五官柔，穿柔色；

第 20 计：五官大，穿大花；

第 21 计：平胸，忌穿深 V；

第 22 计：大胸，多穿深 V；

第 23 计：上身越壮，领子越大；

第 24 计：腰长腿短，多穿裙子；

第 25 计：胯窄，多穿百褶裙；

第 26 计：穿黑色，戴金饰；

第 27 计：穿白色，戴银饰；

第 28 计：穿圆领，戴长项链；

第 29 计：穿 V 领，戴短项链；

第 30 计：领子越高，项链越长；

第 31 计：面料越厚，项链越粗；

第 32 计：穿裙子，系细腰带；

第 33 计：穿裤子，系宽皮带；

第 34 计：衣服越厚，腰带越粗；

第 35 计：艳色服装，配黑色鞋子；

第 36 计：浅色衣服，配裸色鞋子；

第 37 计：柔色衣服，配白色鞋子；

第 38 计：无彩色衣服，配彩色鞋；

第 39 计：鞋子色彩，与服装呼应；

第 40 计：小腿粗，穿粗跟；

第 41 计：小腿粗，选长鞋头；

第 42 计：小腿粗，选厚底鞋。

职场穿搭指南

在职场中，过于随意的着装，会被认为是对自我形象的忽视，更可能被视作对职场、对同事的不尊重。职场穿搭，不仅可以展现我们个人的品位素养，还能反映企业文化与价值理念。

近年来，职场穿搭风格日趋多元化，从面料质地、色彩搭配到裁剪工艺，都为职场人士提供了更丰富的选择。这一现象的形成，我认为很大程度上得益于职场题材电视剧的热播，激发了职场人士的模仿热情。

这也让我们认识到，职场穿搭不仅具有功能性，更是展现个性与风采的重要方式。例如，性格强势的女性可以选择设计感突出的戗驳领服装（见图 3-10），以彰显自信与气场；而气质温婉的女性，则适合选择柔美风格的西装领型服装，以展现亲和力。

图 3–10　戗驳领服装示例

因此，在职场穿搭选择中，我们既要注重服饰的得体与专业，也要勇于尝试，找到职业态度与个人魅力的最佳平衡点。

不同规格的场合对形象的要求

在商务应酬及正式社交场合中，女性应避免穿着过于凸显身材曲线的服装，以免分散他人对专业能力的关注。出众的外貌与身材是女性的优势，但同时也是一把双刃剑，若运用不当，可能适得其反。

在正式场合，尤其是谈判或企业竞标的关键场合，我建议职业女性尽量呈现中性化的形象。即便拥有优越的外形条件，也应避免过度强调性别特征，以免给客户留下不够专业的印象，从而错失合作机会。

针对不同规模的会议，我们的着装选择也应有所区别。

在参加小型会议时，我建议大家选择轻职场装束，简约优雅的连衣裙便是不错的选择。而当面对更为正式的会议场景时，如布置严谨、配备正式会议桌的场合，我建议大家身着正装。

正装的色彩选择上没有太大的限制，无论是清新淡雅的浅色系，还是沉稳内敛的深色系，都可根据个人风格与会议氛围灵活搭配。若是一场极其正式的大型会议，深色的职业套装是更为稳妥的选择，同时可搭配简约风的配饰，以塑造专业与自信的形象。

如今，职场穿搭不再局限于刻板的正装模式，市场上涌现了多样化的设计，如不同领型、衣长、纽扣风格的套装，以满足不同的个性需求。若这些套装都不合你的心意，你可以在搭配上自由发挥，如西装裤搭配风格正式的衬衫（见图 3-11），或是 A 字裙搭配衬衫等。

鞋子也是一样，无须拘泥于高跟鞋，略带跟的平底鞋或小巧精致的玛丽珍鞋，既舒适又不失精致感，同样能为你的职场装扮增添亮点。

职业装已突破传统框架，不再受限于某一种形式，每个人都可以在符合职场规范的前提下，根据自己的喜好自由搭配。

图 3–11　衬衫与西装裤搭配示例

职场穿搭的原则

职场穿搭并非仅限于传统办公或行政岗位，它广泛适用于各行各业，每个岗位都有其职场穿搭要求。以窗口行业为例，工作人员需要穿着统一的制服和船底鞋，佩戴标准的领结，以展现专业服务形象。此外，服务行业也大多依据行业规范，拥有各自的服装标识，以体现服务品质与品牌形象。创意行业鼓励个性表达，着装相对自由；而传统企业更注重职业形象，通常选择西装等正式着装。

下面是职场穿搭中需要遵循的几项重要原则，朋友们可以作为参考。

职业装，让工作更有仪式感

在追求统一性和规范性的行业中，无论是流水线上的工人还是其他领域的从业者，穿着统一的职业装都显得尤为重要。因为职业装能够传达出一个企业的严谨作风，还体现了其管理的规范与高效。

试想，两家同样规模的企业，一家企业的员工穿着统一的职业装，而另一家企业的员工则穿着各异，即使他们的服饰再华丽，也难免给人留下管理松散、职业度差的印象。

例如，我们协会有自己的会服、会徽，以及许多标志性物品，很多其他协会都觉得这是一件很了不起的事情，因为这不仅增强了内部凝聚力，也让外界感受到我们的专业与规范性。

有一次，我们进校园巡讲，我注意到一个五年级的小女孩，全程都在目不转睛地注视着我们。她说我们的会服很漂亮，很希望自己的妈妈也能穿上这样的服装。

我们的会服是一身白色的职业装，搭配着丝巾和会徽，给人一种干净利落、整齐划一的规范感。正是我们的着装展现出的正面形象，不经意间赢得了小女孩的心，让她对我们产生了深深的认同感。

那么，该如何选择职业装呢?

考虑面料。职业装的面料有很多种，如腈纶、毛料等。我推荐职场人士将半毛料等高品质材质作为首选，因为它能让我们的职业套装展现更好的质感和挺括度。

我们不需要囤积太多的职业套装，精选一两套高品质面料的职业装就可以满足各类场合的需求了。

剪裁方面。我推荐大家尽量选择简约、统一的职业装款式。如果某些行业有特殊要求，女性可根据要求选择裤装或裙装。如果只允许选择其中一种，优先考虑裤装，因为裤装更方便、更自在。如果需要经常接待客户或参加正式场合，就优先选择更为优雅的裙装。

色彩选择。蓝色、灰色等低调色系是塑造职场沉稳形象的首选。我不建议大家穿过于明亮色调的西装，以免在视觉上显得突兀，过于张扬。而被视为更稳妥、不容易出差错的黑色，并不适合所有场合。通常情况下，只有在参加一些非常正式、严肃、庄重的会议时才适合穿黑色服装。

图案方面。选择纯色或暗条纹的款式，既能保持专业形象，又不失时尚感。

有一位担任办公室主任的女性，她非常注重自身穿搭问题，经常向我征询意见。她曾询问我：当前流行的“小香风”① 套装可以算作职业装吗？

我认为小香风套装可以算作职业装。因为它具备了几个关键因素：首先，它大多采用高品质的毛料材质；其次，

① 源于法国著名时装设计师加布里埃·香奈儿（Gabrielle Bonheur Chanel）的一种服装设计风格，以粗花呢面料、精致金属纽扣、修身短款外套为主要标志，体现了她所提倡的“简洁、自由、舒适”的女性着装理念。

它配套的裤装或裙装都与上装保持了整体的和谐统一；最后，只要色彩搭配得当，避免过多的金属链条设计，它便能完美契合职业套装的需求。

小香风套装，以其优雅、时尚、高贵的气质，近年来深受女性喜爱。下面我从职场角度，来详细介绍“小香风”套装的风格特点和职场的适用性。

小香风套装的特点：

1. **优雅时尚**。小香风套装通常设计简约而不失优雅，能够凸显女性的气质和品位。

2. **高品质面料**。多采用高品质的面料，如羊毛、丝绸等，穿着舒适且显得高档。

3. **精致的细节**。如珍珠、亮片、蕾丝等装饰元素，使得整体造型更加精致。

小香风套装在职场的适用性：

1. **优雅气质**。小香风套装能够凸显女性的优雅气质，符合职场对于专业形象的追求。

2. **高品质感**。高品质的面料和精致的细节，使得小香风套装在职场中显得尤为高档，能够提升个人形象。

3. **搭配灵活性**。小香风套装可以搭配不同的鞋子和配饰，以适应不同的职场场合。例如，搭配高跟鞋和简约的配饰，可以营造出干练、专业的形象；搭配平底鞋和休闲配饰，则可以展现出轻松、随和的一面。

然而，也需要注意小香风套装可能存在的过于时尚或花哨的风险。在选择时，尽量避免过于复杂或夸张的款式，选择简约、大方的设计，以符合职场的得体性要求。

传统的职业套装容易给人留下中性或强势的印象，而“小香风”却恰好以其独特的魅力，巧妙平衡了女性柔美感与高级质感。所以，不知道如何选择职业装的时候，“小香风”不失为一种不错的选择（见图 3-12）。

图 3–12 “小香风”示例

发型，提升你的气场

前文对配饰和包已经进行了较为详细的叙述，这里不再赘述。接下来，我重点聊一下发型。

我推荐束发或盘发作为专业形象的优选，这两种发型都能展现出利落与干练，非常适合职场。

经过精心打理的中性风短发也是职场女性的不错选择。尽量避免披散长发，尤其是未经梳理的蓬乱披发，在职场中往往被视为散漫、不够正式，会给人留下不够专业或不够重视场合的印象。

如果你的发质不错，且长度刚好齐肩，可以尝试把所有的头发全部往后梳理，并用发夹固定在耳朵后面，让面部五官能够清晰地展现出来，这样能展现出自信的形象。在职场中，自信是成功的基石，得体的发型能帮助我们更好地展现专业素养，赢得他人的信任与尊重。

职场男性发型需要遵从以下三个基本原则：

1. **前不遮额**。保持前额的清爽，避免头发遮住面部（特别是眼睛），确保眼神交流无阻碍。

2. **侧不遮耳**。确保耳朵两侧的发丝不遮挡耳朵，这样的发型显得整洁利落，符合职场的专业形象。

3. **后不过颈**。耳朵后方及脖颈处的头发长度应控制在衣领之上，避免给人留下拖沓或不修边幅的印象。

在职场中，男性普遍倾向于保持自然发色，很少选择染发。相应地，我建议职场女性的发色也以深色系为主，避免染过于鲜艳的发色。也尽量不要去文身，因为它在职场中往往被视为过于个性化，可能会让某些客户感到不适。

职业穿搭的学习建议

如果你想保持职场基本着装规范，同时展现个人风采，那么我建议你去多实践、多观察，并且勇于尝试。大家可以从多个渠道汲取灵感：

新闻发言人的职业套装，融合了正式与时尚，是学习的典范。

职场电视剧中的穿搭，虽不乏虚构成分，却也能捕捉到职场穿搭的精髓。

访谈主持人以简约而不失品位的着装，展现出专业度与亲和力，值得我们借鉴。

如果你平时注重服装搭配，对时尚保持一定的敏感度，那么不妨探访私人定制服装店。平时多关注他们的日常穿搭，多与他们深入交流，你不仅能学习到更多的穿搭技巧，还能逐渐培养出自己对时尚趋势的敏锐洞察力，从而让穿搭更加出彩。

服装不仅能为我们遮风挡雨，还能成为我们的盔甲，成为我们在职场上勇往直前、迎接挑战的“得力伙伴”。

你是如何理解并看待职业装的?

过去你是如何选择和搭配职业装的？未来你计划在职业穿搭方面做出哪些改变呢?

你有多重视美，你就有多美。

4

第四章

品位·生活的目标不是奢侈，而是美好

美的历程

妆扮，是一种向上的生活态度

“女为悦己者容”，源自《战国策·赵策一》，跨越千年时光，依旧适用于现代社会。它不仅仅是对古代女性妆扮行为的简单描述，更蕴含着对人性中美好情感的深刻洞察与赞美。

现代女性在实践“为悦己者容”时，可以将其解读为深刻的自我表达与自我关爱。以下是我的一些建议：

为自己而容

现代女性应该认识到，妆扮不仅仅是为了取悦他人，更重要的是取悦自己。通过选择适合自己的服装、妆容与发型，女性可以表达自己的个性、风格与态度。鼓励女性根据自己的喜好来选择妆扮方式，而不是盲目追求时尚或符合他人的审美标准。

注重内在与外在的平衡

虽然外表的妆扮重要，但内在的修养同样不可或缺。现代女性通过读书、学习、旅行等方式，不断提升自己的认知，使内在与外在达到和谐统一。内在的美与自信会自然而然地流露出来，使女性更加迷人。

健康的生活方式

健康的饮食、适量的运动以及良好的睡眠是保持美丽自信的基础。现代女性应该注重这些方面的调理，通过健康的生活方式，展现出更加自然、健康的美丽，这种美丽是任何化妆品都无法替代的。

积极的自我认知

现代女性应该学会欣赏自己的优点，并努力改进自己的不足之处。女性通过积极的自我认知，可以建立自信，使自己更加有魅力。女性不要苛求自己，要接受自己的不完美，并学会在不完美中发现美。

为重要的人而容

虽然为自己而容重要，但为重要的人而打扮同样充满意义。这是对伴侣、家人、朋友的尊重与爱护，也是表达自己对他们的关心。

避免过度追求外表

妆扮是一种向上的生活态度，是追求美好生活的外在表达。然而，我们应该避免过度追求外表的完美，以免陷入消费主义陷阱。妆扮应该是为了表达自己、提升自信，而不是为了迎合他人的期望。

女性可以根据自己的经济能力与实际需求来选择打扮方式，不要盲目跟风攀比。

财富与审美的关系

经济的发展，财富的累积，会导致人们心理的变化。起初，人们会因为物质的富有而感到满足，但随着时间的推移，人们会追求更高的目标，比如成为“专业人士”。再往后，“个性”成为更为明确的需求。

当下，社交媒体上的美容时尚博主对人们的审美观念产生了很重要的影响。

一方面，人们通常将这些博主视为美的“风向标”。他们拥有大量的粉丝，这在一定程度上代表了大众心里的声音。

另一方面，博主们都有自己的喜好，这些喜好影响的人群非常广泛。因此，他们的影响力也使得现在的审美变得多样化，满足了人们对个性化的追求。

美是鲜活的

什么东西才是美的呢？每个人都有自己的标准。然而不管你如何定义美，都可以看到：**美是“鲜活”的，不是一成不变的**。

这种“鲜活”的美，体现在很多维度。

思想层面。虽然美受到时尚潮流、个性主义的影响，但我们应该具备独立思考的能力，而不是盲目跟风。很多朋友喜欢尝试新鲜的、流行的东西，可是尝试了之后才发现，有些风格并不适合自己。

整体形象层面。女性外在美是一种多视角、全方位的美。这种整体美感包括体态、穿搭、配饰，以及色彩和妆容，甚至还包括我们与他人相处的过程中所呈现出来的表情、动作举止，它们共同构成了整体美感的不同方面。

场景层面。我们的妆容、服饰之美，也需要根据不同的场景来调整。在不同的场景下，我们需要采用“鲜活”、灵活多变的方式去调整自己。从表面上看，这是外在的鲜活；从本质上来看，这是我们思想的鲜活。

社会层面。**女性的美，不只为了取悦自己而存在，还要为整个社会都带来美丽、向上的正能量**。我们可以影响他人、激励他人，将自己美的形象更好地传播出去，甚至引领更多人获得这种美好的体验。

美并不是一个人的认知，而是一种社会共识。

追求美的几个阶段

如今我所追求的美，已与二十多岁时的大不相同。这并不是因为我年轻时不懂美，而是人在不同阶段对美的理解有所不同。

年轻的女性，应该追求活力、清纯、靓丽的形象，而非刻意妆扮成熟。

踏入职场，我们应该保持谦逊的品质，做到内敛、得体、不张扬。但是，“谦逊”并不意味着退缩、拘谨，而是要把身边的每个人都视为老师。我们要多从他人身上汲取经验，弥补自己的不足。

当我们凭借努力做出成绩，甚至成为社会的中坚力量时，便应追求一种大气、自信的风格。因为这时，我们已经胸有成竹，做事情从容笃定，穿搭风格也日趋成熟，对外要展现我们的自信、独立、专业。让我们的同事、下属或者学员都愿意参考我们的审美，乃至可以成为风尚引领者。

我们对美的追求，除了受到年龄、阅历的影响之外，还受到身份变化的影响。尤其女性朋友，当你成为一位妈妈的时候，女性之美更趋于端庄、稳重，富有榜样的力量。这种对美的追求是自然而然的，无论在生活中你是什么身份，坚持做自己。

让自己变美的方法

在成长的各个阶段，我们会经历不同的事情，逐步构建独立的认知。然而，不管处于哪个阶段，我都不建议去盲目追求时尚或模仿他人，一定要保有自己的个性之美。

我的妈妈是一位非常传统、注重内在美的女性。当大家都在追求只有“瘦”才漂亮时，她经常提醒我，身材并不是最重要的，女性真正的美丽在于“有福气”。在她眼里：一个女性应该具备承载福气的身体、外貌、内心，这样才能获得更多的福报。

不是所有的女性都需拥有瓜子脸与纤瘦的身材，女性不管高矮胖瘦，都有属于自己独特的美。妈妈让我明白了这一点，在我内心深处种下了一颗非常强大的种子。

我的一位导师，她非常注重形象，每天都会花费两小时来精心化妆。每次我们出差，她都比我少睡一个半小时。

她每天坚持花两个小时进行妆容打理，这恰是良好习惯的体现。一个人如果有良好的习惯，往往具备卓越的时间管理能力，即便有诸多事务时，也能够从容不迫、游刃有余。

我们在面对生活中的挑战时需要有耐力，比如早起、晨练、夜跑等。有人坚持了几天，就坚持不下去，轻易放弃了。我的这位导师非常了不起，她多年来始终如一地精致化妆，这份自律精神深深震撼了我，也成为我向往的生活方式：自爱且自律。我不一定像她一样每天坚持一两小时化妆，但她身上的自律精神吸引着我，吸引我不断向她靠近，这就是这件事的价值所在。

朋友们，我们的美并不在于我们的外表有多精致，也不在于我们的衣着有多华丽、首饰有多昂贵，而在于我们重视自我，渴望实现自我价值，愿意把我们美好的一面呈现给这个世界，释放出由内而外的美。

美丽的外表倏忽即逝，但是对待美的态度却贯穿人的一生。你有多重视美，你就有多美。

找到引领自己美的贵人

在人生的旅途中，找到一个能引领自己发现美、追求美的贵人，确实是一件非常美好的事情。尤其是在年少时，能遇到贵人更是人生之大幸。

这个贵人可能是一位具有独特审美眼光的朋友、导师、艺术家，或者是任何能够激发你对美的感知与追求的人。希望我们可以珍惜自己的贵人，同时尽力做别人的贵人。

以下这些建议，或许能帮助你找到这样的贵人：

1. **关注艺术与文化领域**。参加艺术展览、音乐会、戏剧表演等文化活动，这些场合往往能遇到对美有独到见解的人。通过与他们交流，你可以拓宽自己的视野，了解不同的审美观念。

2. **加入兴趣小组与社群**。寻找与自己兴趣相符的社群或小组，如摄影、绘画、时尚搭配等。在这些群体中，你很容易找到志同道合的朋友，他们可能会成为你追求美进阶之路上的良师益友。

3. **寻求专业指导**。如果你对某个特定领域的美有浓厚的兴趣，可以考虑找一位专业的导师。他们不仅能传授你技能知识，还能帮助你培养独特的审美眼光。

4. **保持开放心态**。在日常生活中，保持对周围人与事的好奇。有时候，一位看似平凡无奇的朋友，可能在某个方面拥有出色的审美能力。通过与他们交流，可以让你的审美水平在潜移默化中得到提升。

5. **利用网络资源**。在社交媒体上，有很多关于美的讨论与分享。你可以关注一些与美相关的账号或话题，参与讨论，从中汲取灵感，获得启发。

最重要的是，要保持对美的热爱与追求。当你真正热爱某件事物时，你就会自然而然地吸引到那些同样热爱它的人。而这些人，很可能就是你生命中的贵人，引领你走向更加美好的人生。

不妨问一下自己：你目前处于追求美的哪个阶段？

高级感的美是“做减法”

人们常常陷入一个误区，以为不断地做加法就能营造出高级感，然而结果往往适得其反，显得刻意而不自然。我们只需在自然的过程中找到自洽的方式。

为什么追求自然呢？因为自然的东西才是最美的。

白天有白天的美，万物欣欣向荣，阳光、雨露、山川、大地、风雪雷电，都有各自的美。

黑夜有黑夜的美，深邃的天空、静谧的大地、幽深的旷野、川流不息的城市、熙熙攘攘的人群、璀璨的星空，也是极美的，是白天的美换了一个模样。

我们看待自身，也应回归本真，不事雕琢、拒绝堆砌，摒弃浮华与功利的评判，让美回归其最纯粹、最接近生命本质的原始形态。

怎么追求高级美

一个人的高级美，源于自身的内在力量感和对美的认知。想追求高级美，我们需要做到以下三点。

1. **作为女性，不要追求过多**。想抓住的越多，得到的东西反而会越少，这是我们思想层面的问题。

2. **不要太在意他人的评价**。尽可能地听取自己内在的声音，减少外界对自己的干扰。

3. **妆容与服饰不要追求全面，而是要突出亮点，扬长避短**。例如，“点睛之美”就是一种减法。我们的着装也是如此，搭配首饰的时候，重在点缀，不是堆砌，一对精致的珍珠耳环就可以为我们增色，而不是拿一大堆叮叮当当的金银玉器“挂”在身上。

有的人长相并不出众，却非常耐看、有味道；有些衣服材质不是上佳的，做工不是最精细的，款式也不是最新颖的，却能颇受消费者欢迎。例如，我们有一款已经流行了几十年的小黑裙，它剪裁很简单，很多人穿着都很好看，这条小黑裙的设计师就是在减法设计中做到了极致。当然，不可否认，材质越好，穿着呈现出来的效果也会越好。

真正的高级美，不是你有多懂时尚潮流，而是你有多懂自己，并在懂自己的前提下“做减法”。

怎么践行高级美

践行高级美，就是做减法的过程。

如果想在日常生活中实践高级美，**首先，我们要简化衣橱**。我们会发现，许多人家的衣橱里堆满了衣服，但经常穿的，每季不过两三件。

其次，我们要简化妆容。大可不用每个步骤面面俱到，我们可以在底妆、遮瑕、眉毛、眼影、腮红、唇部，选择几个细节进行精细化处理，来追求一种自然、清透的感觉。

最后，我们要减少无效社交。减少无效社交是践行高级美的重要一环。

高级美不仅仅体现于穿着，可能很多人没有意识到这一点。所以，她们每次都会忍不住买很多衣服，直到家里堆满了才开始后悔。

一开始，我儿子也有类似的情况，慢慢地，他学会用“延迟满足”的方法来解决这个问题。例如，当他看到自己喜欢的东西且家里已经有类似物品时，他会和我说：“妈妈，我有点想要这个东西。”我会问他：“那我们现在就去买吗？”他会回答说：“不，我还是等两天，如果我还是很喜欢的话，我们再买。”

相信不少朋友应该会跟我一样，在面对心仪衣物时，会适当考虑一下，然后等待两三天后再做决定。我们发现，当时觉得需要的东西，过两三天后就不会那么想要了。事实证明，这种方法可以避免冲动消费。

也许你觉得开心就是要满足当下的需求。但是这种当下的满足，确实会给我们的衣橱带来很多压力。实际上，许多服装店的灯光设计都很巧妙，会让你看起来更立体、更美、更高、更瘦。在那种光线下，你的购买欲就会变强。

一些直播间的主播同样深谙此道，其目的也是让你购买产品。如果你没控制住自己的购买欲，你的衣柜就会越来越满，其中绝大多数衣物，我们只穿过一两次便束之高阁，有些甚至从未穿过。当然，这并非要“剥夺”大家购物的快乐，而是希望你可以寻找到一种更为高级的自我简化与进阶的生活方式。

“做减法”的一些建议

我会定期整理衣橱，把不需要的衣服马上处理掉。处理方式有两种：一是送给合适的朋友，告诉他们哪些衣服被清理了，如果需要可以来拿；二是及时扔掉不需要的东西，否则有一天你肯定会后悔为什么没有早点扔掉它，而让你在一些重要的场合出错。

你会发现，五年前买的衣服，大部分已经不太适合现在的你，因为我们的生活态度与个人气质状态都发生了变化。但反过来，我们也有些衣服是十年前甚至二十年前买的，至今还在穿。若想拥有这类“经典伙伴”，我们在平时购物时就要养成选择经典款与百搭款的习惯。比如小黑裙、质感好的白 T 恤等，并进行整体搭配，这也是“做减法”的一种方式。

怎样避免外界评价的干扰

想避免外界的评价的干扰，我们必须建立一个“自我认知”的框架。了解自己处于哪个阶段、具备什么能力、追求什么样的美，以及适合什么样的美，这些都是建立自我认知框架的关键。

识别力也是避免被他人干扰的重要因素。每个人的审美标准千差万别，我们需要具备对美的识别力，不管对方给出的是哪种建议，只要我们具备识别美的能力，就能从中发现有益的地方，加以借鉴吸收，为自己赋能。

其实，一切事物的本质都是美的，关键在于你怎么运用它。就如首饰，适合你的就是好的，并非越贵越好。有些人喜欢佩戴昂贵的首饰或者知名品牌的首饰，来彰显自己的经济实力，然而这些不过是服务于人的“道具”，真正宝贵的是我们自身内在的价值，而不是这些外在之物。

当人生步入成熟阶段，我们无须再通过浓妆华服来表达自己，但我们需要每一件外出服都整洁且熨烫过，所有东西都整齐有序，这样才能与自己的身份相匹配，这是更高层次的审美追求。

以我自己为例。在服装搭配上，我会着重突出一个亮点。当我的衣服和裤子较为简约时，我会选一款有特色的马甲。在带孩子出门或者和团队成员一起参加团建活动时，我的穿搭会简单舒适，但我会在头发上扎一条丝巾，这样便能更好地融入大自然。

其实，无论穿什么衣服，只要经常保持微笑，就能展现出高级感和美感。即使你穿着再好，若总是愁眉苦脸，整个人也会显得没有精气神。

“六字箴言”诠释高级美

《大学》中的“六字箴言”——止、定、静、安、虑、得，在个人自我风格塑造的过程中起到了至关重要的作用。它们不仅提供了明确的目标方向，还指导人们如何坚定信念、沉淀内心、保持平和、周全思考以及最终收获成果。

以下是“六字箴言”应用于个人气质形象风格形成的具体实例。

止：明确形象定位

小丽是一位职场新人，初入职场，对于自己的穿着打扮并没有明确的定位，经常随波逐流。后来，她决定“止”于打造专业且不失个性的职场形象，开始研究职场穿搭，逐渐找到了适合自己的风格，如简洁干练的套装搭配一些有设计感的配饰，既符合职场规范，又展现了自己的个性。

定：坚定自我风格

小杰是一位时尚达人，他经常关注各种时尚潮流，但从不盲目追随。他坚定自己的风格，喜欢将复古元素与现代设计相结合，打造出独特的时尚造型。无论是服装、发型，还是配饰，他都坚持自己的选择，不被外界的审美标准所影响。

静：沉淀内心，培养气质

小雅是一位文艺青年，喜欢阅读、写作和旅行，通过这些方式沉淀自己的内心，培养出了温婉而深沉的气质。她的穿着打扮也体现了这种气质，偏爱棉麻材质的衣物，色彩以柔和为主，整体造型给人一种宁静而舒适的感觉。

安：保持自信与从容

小强是一位公众人物，经常在公众场合发表演讲或参加活动。为了保持形象气质，他学会了保持自信与从容，无论面对何种场合，都能镇定自若地展现自己的风采。他的穿着打扮也体现了这种自信，总是选择合身且符合自己气质的服装，给人留下深刻的印象。

虑：周全考虑，注重细节

阿芳是一位注重生活品质的人，她在打造自己的气质形象时，总是充分考虑各种细节。从服装的搭配、发型的设计到妆容的呈现，她都力求完美。她还特别注重配饰的选择，比如一款精致的手表、一条独特的项链，都能为她的整体造型增添不少亮点。

得：收获认可，提升自我

小东是一位模特，他通过自己的努力，逐渐在时尚界崭露头角。他的气质形象得到了业界的赞赏，也为他赢得了更多的工作机会。这些成果不仅提升了他的自信心，也让他更加明确了发展方向，为未来的气质形象塑造奠定了坚实的基础。

细细品味《大学》中的“六字箴言”，我们不难发现，不管是在工作、生活、家庭教育，还是形象塑造中，只要我们明确了最终的个人定位，并一步步有序地朝着既定的目标前进，最终一定能够抵达理想之地。

奢侈品≠有品位

奢侈品并不一定代表品位！

拥有奢侈品，并不能证明一个人就有品位。品位更多的是指一个人在审美、文化、艺术等方面的素养和鉴赏力，它体现了一个人的内在修养和独特眼光。

有品位的人往往能够在众多的选择中，挑选出真正符合自己审美的物品，而不是盲目地追求奢华。他们注重物品的品质、设计、工艺，以及背后的文化内涵，而不仅仅是价格标签。同时，有品位的人还懂得如何搭配不同的物品，以创造出独特而和谐的美感。

我们不能简单地将奢侈品与品位等同起来。一个人可以拥有奢侈品，但如果没有相应的审美与鉴赏力，那么这些物品也只是空洞的摆设，无法真正体现出主人的品位。相反，一个真正有品位的人，即使使用简单的物品，也能通过巧妙的搭配组合，展现出独特的魅力。

奢侈品对品位提升的帮助

奢侈品并不等同于品位，其价值体现在对品位提升的辅助作用上。

第一，奢侈品品牌与产品往往与高品质、精湛工艺和独特设计相关联。

通过接触和使用这些产品，人们可以更加直观地感受到精心设计、优质材料与精湛工艺所带来的美感，从而提升对品质的敏感度。这种对美的感知与欣赏能力的培养，有助于提升个人的品位。

第二，奢侈品品牌与产品往往承载着丰富的文化内涵和历史背景。

了解这些品牌的故事、设计理念、文化传承，能拓宽人们的视野，增加人们对文化的了解。这种文化的积累与沉淀，也是提升品位的重要途径。

很多奢侈品品牌都有深厚的文化底蕴，其工艺历经传承，也是其品位的体现。例如，有些品牌的产品坚持手工制作，其皮革鞣制、打磨、编织等加工手法，就体现了它们独特的品位。

奢侈品在一定程度上可以为品位的提升提供帮助，但更重要的是个人的内在修养与审美眼光。我们应该通过多种途径来提升自己的品位，而不是仅依赖于奢侈品品牌与产品。

如何判断一个人的品位

判断一个人品位如何，要看他是否了解这件奢侈品背后的文化底蕴。例如，我喜欢肖邦（Chopard）的表，便会关注它背后的文化。又如，我喜欢某个品牌的包，便会关注它的设计风格，而不仅仅是这个品牌的名气。

我们可以从外表判断一个人的品位。如果某人全身名牌却搭配不协调，其品位便值得商榷。品位高的人会选择奢侈品，但他们不会为了追求品牌而胡乱堆砌。他们可能会剪掉奢侈品的标志，使其不那么显眼。他们更倾向于选择剪裁合身、材质上乘的奢侈品。

我们的圈子会定期聚会，有一次突然多了一位新成员。他看起来颇具财力，一整套某品牌的服装，市场价四五万元，看着对方身着这套价值不菲的服装，因身材与板型的差异，衣物在身上形成一些褶皱线条，说实话，确实让现场的人都很尴尬。

可见，许多人虽然热衷于穿戴奢侈品，但不一定有很高的审美。他们之所以购买，或许只是为了借助奢侈品来彰显身份。

这个现象，值得我们深思。

通过奢侈品提升品位的建议

很多奢侈品品牌的衣服，都是知名设计师的作品，其款式、色彩、材质也都经过了精心挑选。

我们不一定非要去购买这些衣服，但可以借助它们去捕捉时尚的潮流与色彩的流行趋势。纽约时装周、巴黎时装周、伦敦时装周、米兰时装周，当然还有中国时装周的活动，为我们揭示了当年及下一年的世界时装流行趋势。秀场结束之后，众多品牌还会邀请记者到品牌总部的样品间去零距离接触设计师，与设计师面对面交流，我们可以了解到这些时尚人士对品位的认知、见解，以及在服装、配饰上的创新实践。这些都有助于培养我们的品位。

我们自己的会所里，有很多小姑娘，她们的收入颇为可观，这都得益于稳定的客户群体和良好的经营状况。有些小姑娘甚至不惜花费近万元购买一双球鞋。

虽然我也会鼓励她们消费奢侈品，但不建议她们无节制地购买。有些员工会深陷其中，购买大量奢侈品，只是为了向客户展示自己的经济实力——自己跟客户一样可以拥有这些。这种做法并非我所提倡。

在我看来，买得起与可以消费是两个概念。在我们尚未实现经济自由的时候，将更多的钱用来孝顺父母，或者帮助其他人，比消费这些奢侈品更有意义。

在教育孩子方面，我希望让他逐步了解奢侈品背后的真正价值。到目前为止，我没有给孩子买过奢侈品，但我带他体验过飞机的头等舱、入住过奢华酒店，同时也让他尝试过最拥挤的经济舱位和设施简陋的旅馆，让他自己做对比。当然，除了物质层面的体验，孩子还曾在寒假的凌晨 4 点钟，去体验了环卫工人在寒风中清扫道路的工作；目睹了凌晨 1 点钟睡在摆夜宵摊妈妈身边的孩子……经历过这些后，孩子用他稚嫩的声音告诉我：“妈妈，我一定要好好学习，努力去获取更多选择的权利，去做能够帮助更多人的事情，让更多的人都能够更好地生活。”

我们发现每一个优秀品牌的背后，都是几代人甚至十几代人付出努力的结果。而品位的培养，更是需要时间的沉淀与积累。这个世界上，每个人所拥有的最昂贵的奢侈品就是自己。那么，此时此刻，你最想拥有的奢侈品是什么？

艺术审美与一个人的品位

审美水平高的人，往往具有更高的品位。因此，我们要着重培养自己的审美能力。

如何提升艺术审美能力

建筑

建筑作为外显的美学，具有独特的魅力。东方建筑的规则、整齐、和谐、典雅；西方建筑的圆融、灵动、张扬、活力，都向世人呈现了各自的美。日常生活中的练习能提升我们对建筑的审美与欣赏能力。

什么是好的建筑？从建筑审美的角度看，线条的流畅性与结构逻辑的清晰性非常重要。当一栋建筑真正美丽时，无论春夏秋冬或阴晴雨雪，不管任何角度拍摄，它都很好看。经典建筑值得我们去欣赏和感受，它们不光是历史的瑰宝，还可以提升我们的审美水平，我们应该感谢这些设计师们的精心设计。

如果想了解整个设计流程的逻辑，我们需要了解其背后的历史。例如：谁设计了它？在什么情况下设计的？为什么这样设计？它的功能是什么？它的艺术价值在哪里？这些都需要通过现实生活中的探访来了解。

音乐

当内心因为音乐而感到愉悦时，会让我们更易发现生活中的美。我认为听音乐也是一种可以提升艺术审美能力的方式。

如果你想通过音乐提升自己的艺术审美能力，我可以给到一些建议。

首先，你可以尝试听一些不同类型的音乐。比如古典、爵士、摇滚等，以开阔视野。

其次，选择一些经典的曲目。比如贝多芬的《月光奏鸣曲》、莫扎特的《土耳其进行曲》，以及约翰·施特劳斯的《蓝色多瑙河》等，这些作品具有深厚的艺术价值。

再次，至于乐器方面，大家完全可以根据自己的喜好去选择。不管是小提琴、吉他、竖琴，还是古琴、琵琶、二胡、洞箫，都能给你带来美的享受。我很喜欢长笛，长笛发出的声音温和雅致，有一种书生气，可以让我的内心更加沉静、思路更加开阔。

最后，不要忘记欣赏现场音乐会，感受音乐的魅力与情感表达。希望这些建议能帮助你提升音乐审美能力。

绘画

在我看来，学习绘画的人，往往对美有很高的包容度。在一位优秀的画家眼里，总能看到常人忽略的美，他们拥有一双发现美的眼睛，拥有一颗包容美的心。

我先生是美术专业出身，他是一个包容度很高的人，能够接纳不同的人和事物。比如他不会因为一个人的外表或性格而对其产生偏见。他可以接受我“爆炸头”的形象，也能接受我恬静、柔弱的一面。

在画家笔下，色彩的调和绽放出了独特的光芒。即使仅用两种颜色，他们也可以通过调和，变换出无数的色彩。了解绘画过程、欣赏绘画作品，都可以培养我们对色彩的敏感度。

如果朋友们想提升自己对色彩的敏感度，不妨拿起画笔，不停地调色。你也可以带着孩子来做这件事情。我们尝试将红色与少量的白色混合，看看会调出什么颜色，是否喜欢，然后再加入更多的白色，看看哪种颜色更受欢迎。这样可以帮助我们了解色彩的调和过程，并找到最适合自己的颜色。

陶瓷

桂林出土了大量的明代梅瓶，尤其是靖江王陵区出土的梅瓶数量众多、品种丰富，因此被誉为“梅瓶之乡”。

桂林博物馆收藏了各类明代梅瓶300多件，其中60多件是陶制的梅瓶，250多件是以青花为主的瓷制梅瓶。这里的梅瓶数量之多、花纹之丰富、成色之精美，可以说是世所罕见。

陶瓷制作是中国特有的工艺。直到今天，这种古老的工艺依然流行。

我先生每年都会制作几个鸟兽尊，这些作品非常漂亮，光泽度很高。我不太清楚做这些陶瓷器皿的细节，但是这些作品带给我美妙的视觉享受。

陶瓷制作也可以提升艺术审美能力，关键在于，这是一个非常耗时、需要定力的过程。挑选合适的泥土，然后用泥土制作陶坯，再进行煅烧、雕刻、研磨和打磨等步骤，制作过程并不是完全由机器完成，而是需要手工操作。现在有许多陶瓷体验馆，大家可以去感受一下。

书法

不管是工作场合，还是居家环境、休闲场所，挂上一幅好的书法作品，就平添了一抹书香的气息，营造出一种优雅的文化氛围。

我不太喜欢过于潦草的字，而喜欢那些看起来很端正、让人感觉舒适的字。我希望访客通过办公室悬挂的这幅端庄书法，就能感知我的为人品格。

不管是从文化传统的小处着手，还是从中国艺术的大处着眼；

不管是实用的社交货币，还是通过书法实践进行必要的认知升级，懂一点中国书法，你会进入一个新世界。

家是艺术审美的实践场

家庭装饰是提升艺术审美能力的绝佳“试验田”。

于家庭空间而言，不同的区域有着不同的审美表达。我的卧室很凌乱，但客厅却很整洁。在我看来只有具有自我风格的房间，才有私人化的感觉。因为我们每个人都有不同的喜好。客厅是家人共享的空间，物品归位、整洁有序的客厅能呈现出一种和谐的美。而卧室属于个人的空间，东西虽凌乱却有序，也体现了自洽的美。

家庭的陈设，绿植与鲜花的选择是因人而异的事情。我们可以根据自己的喜好去选择、去布局、去思考、去调整，然后找到最适合自己的方式。

不管是哪个领域，我们都可以从中发现自己的乐趣，然后去培养它，并从中得到美的启迪。这无论对个人的审美还是整体状态都会有提升。

有些朋友不太敢尝试插花。他们担心按照自己的方式去插花会被别人嘲笑，所以就望而却步。我认为这种观念需要改变。其实，只要你能感受到快乐，喜欢它就可以了。

你是否思考过，有些事情你“不喜欢做”，也许并不是你真的不喜欢，而是被某些传统意义上的标准或者权威给限制住了？你愿意用什么方式解除这种限制呢？

不要活在照片里

在社交媒体上，有些人过度追求修饰与美化的照片，认为这才是美，而对于真实、自然的景象、人物却视而不见，我并不提倡这种行为。

我自己就是一个非常不上镜的人，我经常跟别人讲："别看照片了，还不如看我本人生动。"虽然我偶尔也会修图，经过精心调整的照片确实光彩照人，但外在的美化没有太大的意义。

我身边有个朋友，她就是活在照片里的人。她的自身条件非常优越，面容与身材都很好，一心想寻觅优秀的男性托付终身。

但她却活在自己的照片里，把自己的朋友圈打造成"名媛"的感觉。我发现走近她的全都是"渣男"，并不是真正的优秀男性。因为真正的优秀男性很少会只凭借一张照片来选择另一半。相反，他们更倾向于面对面交流来了解对方。优秀的男性往往更青睐端庄优雅、有气质、有内涵的女性。

因此，在社交媒体平台上，我不建议使用失真的照片来展示自己。

如何成为有魅力的人

女性若想提升自己，让自己成为一个有魅力、有品位的人，需要提升自己的内涵。要实现这个目标需要持续地学习。同时也要塑造好个人形象与明确身份定位，明确自己想要成为什么样的人，并保持持久的吸引力，也就是不断输出新事物、新觉知与新内容。

怎样获取更多的谈资

读书。你不必局限于很深奥的四书五经，也可以读一些轻松有趣的书。这些书可能只讲了一些科普、人文的知识，但就会成为你的谈资。

社交。除了读书，我们还可以通过与他人交流来学习。

社交媒体与互联网的兴起，让我们的社交圈层无限延伸。不妨多花些心思经营“弱关系”，与那些不太熟悉的人展开交流。新鲜信息的涌入，社交与表达能力的提升，都将为你的个人魅力加分。若总是故步自封，仅与身边的老友为伴，当朋友们都在不断进步时，你或许会发现自己已悄然落后。

提升你的品位。你可以通过与不同行业的佼佼者交往来了解他们的专业知识经验，从而提升自己的品位。例如，你喜欢茶艺，可以跟随资深的茶艺老师学习；你喜欢绘画，可以择一位优秀的画家请教。在与他们交往的过程中，你可以逐渐了解他们的审美观和认知方式，从而提升自己的品位。

给别人赋能

当我们和朋友在一起时，我们可以提供很多的信息，无论是最新资讯、专业知识，还是日常生活中的贴心建议。

从赋能的角度看，专业能力是关键。如果你拥有足够的专业能力，就可以更好地为他人赋能，这一点不言而喻。我在“审美”方面教大家如何提升自己的形象就是在用我的这种专业能力为大家赋能。

古人云“一通百通”。当你对自己的专业非常精通时，你会发现很多问题都有更好的解决方案。**你的认知是基于你的专业能力，只有到了一定的阶段，才能真正深刻地理解事物。当你深刻理解后，你会自然而然地变得更有魅力。**

朋友们，我们不妨设计一些话题，并且与别人愉快地进行讨论。即使不谈论专业，也有诸多的话题可以聊一聊，用我们的认知来吸引大家，让他们感受到我们的魅力。

社交中提升品位的小技巧

玉石

温润的玉石是很多女性朋友的心头好。欣赏玉石，我们不需要掌握太多的专业知识，只需略知一二就可以。我们可以去了解常见的玉石之间的区别，比如云南的玉、缅甸的玉，以及桂林的鸡血玉之间存在的差异。最初我们都认为鸡血玉只有黑红色的乾隆料，但现在发现鸡血玉有很多种颜色和质地，这是因为它里面所含成分的差异。细心观察，我们会发现，这些玉石之间，不仅有颜色的差别，还有很多有独特的品质特征。

茶

关于茶，我会根据不同的节气与时间段推荐适合的茶叶。朋友们也可以大致了解茶的分类，学一学简单的茶艺，这些都有助于提升我们的品位。

至于饮用方面，我建议女性喝一些白茶、普洱和金骏眉，因为它们具有杀菌消炎和提升心气的效果。而对于男性，我更推荐红茶和黑茶。

茶不仅是一种饮品，更是一种生活的态度。早上饮一杯白茶，清爽舒适；餐后饮绿茶或乌龙茶，助消化、去油腻；下午饮红茶或熟普洱，协调身体机能；晚上则宜静心休憩，避免茶香扰梦。

红酒

我们可以学习红酒的基本知识，这将有助于提升我们的社交能力与品位。虽然我不喝酒，但我会与大家分享如何优雅地饮酒。

在喝红酒时，女性通常有两种端酒杯的方式。一种是普通的社交场合，我们会用三根手指握住杯柄，拇指顶住，小拇指握住杯底（见图 4-1），这样可以让酒杯保持稳定。此外，我们手指的搭配，可以展现出女性的纤细感和唯美感。

另一种方式是将杯底直接压在拇指和食指之间，握成空拳状（见图 4-2），这种方式一般只在大型宴会或品酒环节中使用。

我建议大家尽量避免碰触杯壁，因为这会影响红酒的口感。对于特定的社交场合来说，我建议男性只握着酒杯底部，而不是将整个杯子都握在手中。

图 4–1　手持红酒示例 1

图 4–2　手持红酒示例 2

品位的提升，是一个拓展自己生命宽度的过程。你曾经有多少次在跟他人接触的机会里，本来可以学到知识，却没有用心记录呢？

接下来，你会用哪些方法，会做哪些改变，去提升自己的品位？

生活需要仪式感

仪式感对于我们的生活来说非常重要，它可以提升我们对生活品质的感受。有了仪式感，我们就会更期待惊喜。

仪式感还可以提升我们在工作、生活、社交场合中的吸引力，拥有仪式感的人，总能在不经意间散发出独特的魅力。它可以是一个小惊喜、一句话，或者一个细微的动作。注重生活仪式感的人通常对生活充满热情与追求，他们的品位也不会太差。

仪式感是需要培养的

一个人在生活中必须培养仪式感，这样可以让自己和家人感受到被尊重和被关爱。

母亲节时，儿子给我买了一个杯子。虽然我已经有很多杯子了，但他说这是他11年来第一次用自己攒的钱为我买的杯子，出差时可以随身携带，他希望我能一直带着它，因为他觉得这个杯子很适合我。我认为这是一份很好的礼物，会一直珍惜它。

在儿童节时，我会给儿子写一封信，让他感受到妈妈的爱。每个节日，特别是与孩子有关的节日，我都会做一些能表达心意的事情，比如写信、发送祝福语或购买小礼物，这样儿子也会很开心。

对于身边的朋友和员工，我也是如此。我会尽量记住他们的生日，在当天送上一份不经意的小惊喜，让他们感到被重视、被牵挂。

仪式感在社交活动中也很重要。有时候这种细节，可以给大家带来一份惊喜，让参与的人都很开心。例如，在一些仪式上，我会尽力为大家准备礼物。聘请顾问时，除了聘书，我一定会送上一束向日葵，让他们感受到被重视。正是这种不经意间的仪式感，让我得到了更多的爱。

在生活中，仪式感往往源于我们喜欢的事物。例如，我非常喜欢向日葵，我就给向日葵赋予仪式感，在重要场合用赠送向日葵的方式来表达心意。这样，我送出的就不仅仅是一束向日葵，而是一种象征、一种兴趣、一种品位，以及对收礼人的认可与感情。通过这种方式，人们会认为这就是我的符号。

仪式感在生活中的体现

许多朋友对我有一个共同的评价：当我拜访别人时，总爱带上一束鲜花，而非传统的茶叶或礼物，特别是女性，这一举动会让她们很高兴，认为我细心体贴。我会选择一束她们觉得适合自己的花，这种用心也是一种仪式感。

对于品位而言，选择至关重要。选择的背后是“用心”，你是漫不经心地送出一件礼物，还是精心挑选了一件礼物，接受礼物的人能感受到。你对他的重视程度，都体现在一个个小细节里，这表达了你对他的关注与理解。

在组织比赛活动时，大家能够感受到整体氛围，这也是品位的一种体现。这种氛围或仪式感，不必过于盛大，只需要一些小设计，让事情变得有意义即可。

有一次，我们顺利举办大赛后，我邀请小伙伴们一起去吃饭。在一家酒店里，我亲自布置了场地，用白色长桌布和空运来的特殊玫瑰花装饰，营造出一种浪漫的氛围。每个人身边都有一朵红玫瑰，大家都感到非常浪漫。有些人到达场地看了现场布置后，甚至回家重新换了身衣服再来出席。

我认为这是注重仪式感的表现，这样的人通常更有品位。

我们要明白：仪式感与品位之间连接着两个字——用心。

如何练习仪式感来提升品位

品位的提升是一个需要长期积累的过程。以下三种方法，都可以持续提升仪式感：

第一，从身边的人开始

我们可以从关注身边的人开始，关注他们的生日，并给予惊喜。若连至亲至爱的生日都未曾留意，又如何称得上真诚以待？更别提为其营造生活的仪式感了。

问题一，你是否记得他们的生日？

问题二，你是否了解他们的喜好？

如果你和先生在一起很多年，却不知道他喜欢什么样的生日礼物，这样的相处未免流于表面。如果你和父母相处了多年，却不知道应该送什么生日礼物，那你在经营家庭方面就不够用心。

如果你知道他们的一些特殊日子，比如生日、结婚纪念日等，就可以根据他们的喜好，准备一份特别的礼物，或者安排一次特别的旅行，这些都是仪式感的表现。我认为，我们应该从身边的人开始做起，用心去关注他们的喜好。至于如何送礼物，或者送什么样的礼物更好，须根据关系的亲疏、不同的喜好来定。

第二，从身边的小事开始

仪式感并不一定需要场面的支撑，它体现在细节中。

例如，当你穿上一套衣服时，可以加上一枚胸针，这就能起到画龙点睛的效果。这个细节能让整个事情变得更加有意义，也更加有趣。更关键的是，这枚胸针体现了你的用心，这就是一种仪式感。

再比如请别人吃饭，你可以为他们做一道特别的、有仪式感的菜肴，当你上菜时，可以做一个小小的介绍，解释为什么要这样做这道菜，这也是一个小巧而精心的设计。你可以把菜肴放在一个特别的盘子里，或者在摆放菜肴时，让它看起来更加别致等。

第三，从小的练习开始

仪式感其实并不难，只需要从小事做起，比如关注身边的琐事，以及细节上的设计。现在，我们可以从小小的别出心裁的设计开始，然后再加上一些小习惯，比如每周送自己鲜花或心仪的小礼物、精心打扮后去吃一顿烛光晚餐、在家用餐时精心摆盘、用香薰增加氛围等。通过这些设计，我们可以逐渐成为一个有仪式感、有品位、用心生活的人。

从小事做起，关注细节，用心去生活。通过不断地积累和实践，你会发现自己的生活质量和品位都在提升，成为一个真正懂得享受生活的人。

谁给予你的仪式感让你印象最深刻？你愿意制造一次什么样的有仪式感的体验呢？

沟通是一场博弈，更是一场需要智慧的“心理战”。

5

第五章

沟通 · 用你的表达，让人“如沐春风”

别让你的形象毁在说话上

沟通是一个人形象的重要组成部分。

形象是我们与他人建立关系连接的第一道关卡，沟通则是强化这一连接的桥梁，良好的沟通能促进心灵交流，也能展现个人能力与个性。

一个人说话时夸夸其谈，口若悬河，又没有重点，就容易给人留下过于轻浮随意的印象，个人形象也会大打折扣。

在社交活动中，精确感知他人的情绪并且做出恰当回应十分重要。在交流的过程中，我们需要观察他人是否愿意继续听，是否准确接收到我们想要表达的内容，或者对我们所说的话题是否感兴趣，若无兴趣及时转换话题，或者改进话术，让我们的沟通更为顺畅。

不同的社交场合，需要采用不同的沟通原则与技巧。面对不同的情境与交流者时，我们可以灵活调整沟通策略，让我们说的每一句话都充满力量。

沟通的常见误区

良好的沟通技巧是彰显个人优雅谈吐与得体礼仪的重要方式。当沟通畅通无阻时，我们才能够以更加自信、从容的姿态与人交流。

下列这些常见的沟通误区，往往成为阻碍有效沟通的“绊脚石”。

误区一：把倾听当认可

有些人误以为，自己表达时对方愿意倾听，就代表他们认可自己、喜欢自己，其实不然。特别是在社交场合中，有些人倾向于滔滔不绝，而有涵养的人则选择倾听并不轻易打断别人。因此，将对方礼貌性地倾听等同于接受或喜欢是一种误解。

误区二：说得多≠说得好

在公众场合，并不是说得越多越好。过多的话语不仅无法达到预期效果，反而会影响信息的有效传达。在某些时间和场合，控制过于强烈的表达欲望非常重要。

误区三：把抢话当健谈

抢话是一种不受欢迎的沟通行为。有些朋友可能觉得频繁打断他人的发言显得自己很健谈。但实际上，这种做法往往会适得其反，容易引起他人的反感和不满。

误区四：只表达，不互动

在沟通过程中，许多朋友喜欢谈论自己熟悉的话题，而忽略了对方的需求与兴趣。

在实现个人目标的同时，适时地引入对方感兴趣的话题，能更有效地吸引其注意力，从而更好地传达信息。所以，沟通时切莫局限于自我表达，而忽视了对话的双向性和互动性。

单向沟通是无效的沟通

错误的沟通方式会对个人形象造成严重损害。

首先，单向沟通会让对方感到不被尊重，从而认为我们缺乏礼貌与修养。这种负面印象一旦形成，便难以扭转。

其次，这种以自我为中心的沟通方式会让人误以为我们只在乎自己的立场，完全不顾及他人感受，从而导致我们的亲和力与可信度在对方心中大打折扣。

当我们想达到某个目标时，如果只是一味地单向输出，不仅难以获得他人的认同与好感，还可能引发对方的反感情绪，导致对方拒绝合作。

真正的沟通应该是双向的交流，单向沟通会让我们错失获取对方反馈的宝贵机会，也无法从交流中获得有价值的信息。

沟通是一个相互学习和成长的过程。如果我们总是习惯性地发表自己的见解，而不会倾听他人的声音，即使参与再多的交流，也难以获得实质性的收获。

只有具备开放的心态，真诚地倾听不同的声音，才能开启真正有效的沟通，进行一场深入而有意义的对话。

用心沟通，给人留下好印象

无论是商务谈判还是日常交流，都是一场心理博弈，我们需要让他人感到舒适与被重视，才能给大家留下好印象。

在谈判中，我们需要洞悉对方的真实需求，并构思出既得体又有效的话语；在日常交流中，我们需要留意对方的弦外之音，了解对方内心的真实想法，从而增进彼此的理解，拉近彼此的距离。

在沟通过程中，选择恰当的表达方式尤为关键。当面对他人的夸奖，尤其是面对那些空泛的、带有试探性的赞美时，不要马上附和，可以给出探索性的回应，激发对方说出具体的想法。

例如，我在用杯子喝水时，有人称赞："白老师，你的杯子很漂亮。"

我回答："是啊，很漂亮。"

这种回应直接且肯定，但并不是很有效的沟通方式。因为，对方不知道怎么接我的话茬，可能我们的对话就此终止。即使勉强继续下去，也摆脱不了“尬聊”的状态。

我可以尝试更为中立，或者引导话题的方式。例如，我说：

是吧？我也觉得挺好看，我尤其喜欢这个颜色，觉得很特别。

这样的回应不仅不会显得我们缺乏立场，反而能鼓励对方分享更多的细节，使对话更加深入。

并非所有的夸奖都是表达纯粹的肯定，有时对方只是礼貌性或试探性地寒暄。作为听众，我们要学会分辨不同赞美的真实含义，并采取相应的回应方式。

当我们受到夸奖时，若只是简单地回答“谢谢”，可能会中断对方的进一步表达。而如果我们换一种探寻式的方式回应，例如，当别人夸奖“你今天好帅啊”时，我们答：“谢谢夸奖！你这么说我都有点不好意思了。其实我就是简单收拾了一下，没想到效果还不错。你觉得具体哪里跟平时不一样？”通过这样巧妙地确认与提问，我们可以引导对方更自然地流露心声，使沟通更加顺畅且富有成效。

与人沟通时，除了选择好的表达方式，适时放慢节奏也很重要。

对方提出问题或表达观点后，我们先暂停一下，不要急于反馈，这样可以更好地了解对方的意图。

沟通是人与人的交流，更是心与心的对话。沟通时，我们需要用心去感受对方的情绪与需求，这样不仅能加深彼此的理解与共鸣，还能在无形中提升我们的人际交往能力。

好的自我介绍，一开口就赢了

一场精彩的自我介绍，能给人留下深刻的第一印象。

进行自我介绍时，许多人习惯先介绍自己的姓名，还不忘解释每个字的写法，这种方式很难立即吸引听众的注意力。

一个更有效的方法：我们先介绍自己的职务，概括自己有哪些能力，以及能为对方带来哪些价值，然后再提到自己的名字，这样能更快地激发对方的兴趣。

在展现专业实力时，要用坚定而自信的语气，表达自己的专长成就。我们可以主动提及自己的名字，并鼓励对方提问，这样的互动不仅能展示自信，还能加深印象。

自我介绍是展现个性与自信的“高光时刻”，我们不必过于拘谨。每个人都有自己的特点和不同的经历，关键要清晰准确地表达出我们的想法和优势。

富有特色的自我介绍四步法，可以帮助你在各种场合给人留下深刻美好的第一印象。以下是详细的步骤：

第一步，简洁明了地介绍自己

用一句简洁明了的话介绍自己的姓名、身份或职业。例如：

大家好，我是李明，一名热爱编程的软件工程师。

介绍自己时，不要啰嗦，确保开场不冗长，迅速吸引听众的注意力。

第二步，突出个人特色或亮点

分享一段与众不同的经历或成就，展现你的个性和能力。例如：

我曾参与开发了一款视障人士使用的 App，这段经历让我深刻体会到了技术的力量与责任。

或者提及一两个与职业或个人形象相符的兴趣爱好，增加个人魅力。例如：

业余时间，我喜欢阅读科幻小说和练习书法，这些爱好让我保持了对未知世界的好奇心和耐心。

也可以采用有创意的自我介绍法，比如名字故事法、古诗词联系法等，让自我介绍更加生动有趣。例如：

古人云“明月几时有，把酒问青天”，我的名字就来源于这句诗，我叫李问天，寓意着对未知世界的不懈探索。

第三步，用具体实例展示能力

讲述一个具体的工作或学习上的成功案例，用事实和数据证明你的能力。例如：

我领导团队成功优化了产品界面，用户满意度提升了30%，这得益于我们对用户需求的深入洞察和持续迭代。

还可以分享一次克服困难、达成目标的过程，展现你解决问题的能力。例如：

在一次项目中，我们遇到了技术瓶颈，通过总结经验、不断尝试新方法，以及连续加班熬夜，最终成功解决了问题，这次经历让我深刻体会到了团队合作和坚持不懈的重要性。

第四步，以友好结尾表达期望

以积极、乐观的态度结束自我介绍，展现你的自信热情。例如：

我坚信，通过不断的努力和学习，我能够在新的环境中快速成长，为公司贡献自己的力量。

明确表达你对未来合作或学习的期望和愿景。例如：

我非常期待能够加入贵公司，与各位优秀的同事一起工作，共同创造更加辉煌的未来。

不要忘记在结尾处向听众表示感谢，展现你的礼貌与谦逊。例如：

谢谢大家给我这个机会介绍自己，我期待与大家有更深入的交流和合作。

可见，自我介绍四步法不仅能够帮助你快速吸引听众的注意力，还能够全面生动地展现个人魅力、能力与态度。通过精心准备与实践，你一定能够在各种场合给人留下深刻而美好的第一印象。

灵活沟通，展现高情商

如何灵活应对不同的人群，实现游刃有余的沟通与交流？这是很多人关心的问题。

我想告诉大家，先要明确并提炼自己想要传达的核心信息，这是沟通的前提。然后，我们要细心观察对方的反应与兴趣点，并洞悉对方的肢体语言。这些无声的信号往往比言语更能反映真实想法。

此外，掌握一些恰当的手势、姿势等身体语言，能帮助我们更清晰地表达自己，也能作为微妙的提醒，引导对方更好地参与对话。

沟通是一场博弈，更是一场需要智慧的“心理战”。

许多人在社交场合会遇到比较尴尬的情况——不知道如何正确开场，话题难以深入。面对别人搭讪或提问时，也接不住话，导致冷场，给人留下“木讷”或“情商不高”的印象，甚至错失很多重要的机会。

为了解决这一社交困扰，我建议大家使用“横向交流”与“纵向交流”两种沟通方式，根据不同的对话场景灵活运用。

横向交流在与陌生人交往时尤为适用，为了快速增进彼此的了解，需要尽可能地把话题铺开，覆盖面越广越好。在交流的过程中，寻找与对方的共鸣点，找到共同的兴趣与爱好，例如，双方都喜欢陶艺，就可以以陶艺为主题，展开纵向交流。

对方提的任何一个问题，我们都要响应，再添加新元素延续话题。

例如，当有人问：

今年的中秋，你在哪儿过的？

很多人可能只会简单地回答：

回老家了。

这样的回答很容易让对话陷入僵局。对方会以为你没有继续深聊的想法，只能识趣地回复一句“好吧”，然后结束聊天。

我们在工作生活中经常会遇到这样的情形，因此错过了很多交流的机会。包括在相亲的场合，如果双方只是机械地一问一答，对方可能会觉得你对他不感兴趣。实际上，我们只是不擅长聊天而已。

在回答问题的时候，我们需要留意并理解对方的话题内容，随后引入新元素进行回应，这样就能实现持续互动。

继续以刚才的话题为例，当对方问我们：

你在哪儿过的中秋节？

我们回答：

中秋我回老家了。我们全家人在草坪上赏月、吃月饼，那天的月亮又亮又圆，天气也很舒服，全家人聚一起赏月的氛围特别好，有一种回到了小时候的美好感觉。

这样的回答很真挚，既增加了月亮、天气这两个新元素，还融入了“儿时的记忆”，这样容易引发共鸣，让对方展开话题，直抒胸臆。

对方听到后，可能也会生出感慨：

是啊，听说今年的月亮是30年来最亮的一次，我们今年中秋也回家了，还跟很多儿时玩伴一起聚会赏月，真的好怀念小时候在田间奔跑的自由感觉。

由此我们会发现，如果在交流过程中不断地加入新元素，这样的对话既能保持广度（横向交流），又能深化内容（纵向交流），给人一种充满活力与热情的交流体验。

在人际交往中，我们还需要根据对方的身份来灵活调整沟通方式。

不同的人群，认知差异与期望各不相同。

若对方是某个领域的权威人士，建议大家采取简洁高效的自我介绍方式，着重展示成果与专业价值。因为这类人具有很强的洞察力，能迅速通过我们的言行举止来评估我们。在与他们交流时，我们只需侧重展现自己的专业能力与价值贡献，没必要做冗长的自我介绍。

若对方与我们职位相当且专业水平相近，那么我们就需要较为详尽地介绍自己，力求让对方对我们了解得更全面。当双方的价值主张与需求相契合时，合作就是自然而然的结果。

面对初入行的新人，我建议采取更加细致入微的沟通方式，可以在介绍自己的同时，告知对方我们能提供何种帮助与资源。因为在这个阶段，他们需要的是明确的指引与实际的协助。

在与人沟通时，我建议大家宁可少说，也要确保语言的流畅与完整，给人留下一个清晰、自信的第一印象。对于有表达障碍的朋友，建议提前充分准备，确保信息传达准确易懂，避免因表达不清而损害个人形象。

主动倾听，塑造个人形象

良好的沟通与交流是一场双向的互动。

一个高情商的沟通者，既是擅长表达自我的优秀演说者，更是一个敏锐的倾听者。

倾听不仅能让对方放下戒备心，还能鼓励对方更加真诚地分享自己的想法与感受。如果你不擅长表达自己，倾听反而能成为你在社交中的一大优势。一个善于倾听的人，总能在无形中拉近与他人的距离，赢得他人的信任与好感。

在沟通交流中，我们常常看到有人会表现出不耐烦，急于打断他人的发言，这种行为带来的负面效应远大于正面作用。无故打断他人，不仅显得很失礼，还容易引发他人的反感。即便我们出于善意想要纠正误解，也要先让对方感受到被尊重。

当我们需要打断对方话语时，应先微微前倾身体，做一个肢体语言上的变化，如换一个坐姿或者拿起一个物品，然后说：

不好意思，我先打断一下。

注意要面带微笑，且使用温和的语气，会更容易被对方接受。

还有一种方式，我觉得更可取，即以褒奖的方式来转移或打断话题：

您说得太对了，听了您刚刚说的这些，突然让我想到另一件事，也想在这里跟您一起探讨一下。

以此方式来换一个话题或结束上一个话题。

在社交中，因不懂得倾听，自顾自表达而失去机会的案例时有发生。这种情况往往导致沟通不畅、误解加深，进而错失合作、友谊或其他重要机遇。

在此分享一个商务晚宴上错失良机的案例：

小A是一位市场经理，受邀参加一次重要的行业商务晚宴。晚宴上会聚了众多业界精英，其中包括她一直想要结识的几位潜在客户。

小A到达晚宴后，急于展示自己的专业能力和市场见解。她主动找到几位潜在客户，开始滔滔不绝地介绍自己的公司与产品优势，几乎没有给对方留下插话的机会。在交谈过程中，潜在客户试图提出一些关于市场趋势、竞争环境等方面的看法，但小A要么直接忽略，要么只是敷衍回应，没有真正倾听对方的观点和需求。

由于缺乏有效的倾听与互动，小A未能准确捕捉到潜在客户的真实需求与兴趣点。晚宴结束后，她发现这些潜在客户并没有表现出进一步合作的意愿，甚至有的还对她的态度表达了不满。

小A事后找到我，我与她一起分析了当晚的表现，她才意识到自己在社交中只自顾自地表达，忽视了倾听的重要性。

真正的社交应该是建立在相互理解的基础上，而倾听则是实现这一目标的关键。小A就是因为不懂得倾听而错失了与潜在客户建立合作的机会。

有效的倾听不仅能够增进彼此的理解和信任，还能帮助我们更准确地把握对方的需求与兴趣点，从而抓住潜在的机会。因此，我们应该注重培养自己的倾听能力，学会倾听他人的观点感受，以更加开放和包容的心态与他人交流互动。同时，避免自顾自地表达，以免给他人留下傲慢、不尊重他人的印象。

当面对他人倾诉时，我们不仅要懂得适时地保持沉默，也要适时出言开导，多用温暖的话语鼓励支持对方。在商务谈判的正式场合，我们也应该展现专业素养与包容能力，主动让出更多的话语权给对方。当对方充分表达自己的想法时，我们才能更全面地理解对方的立场与需求，从而制订更加精准有效的合作策略，提升谈判的效率。

通过主动倾听，我们能够与他人建立更加紧密与深入的联系，在收获好人缘的同时，也在无形中塑造了一个善解人意的良好形象。

从提升个人价值的角度来看，主动倾听的积极作用还表现在以下三个方面：

第一，促进成交，赢得信任

赢得客户的关键在于赢得他们的时间。客户占用我们的时间越多，他们就越愿意与我们成交。

当客户愿意投入更多的时间与我们交流时，他们就是在占用我们的时间，这种“占用”是基于尊重与理解的双向交流。

而我们单方面向客户灌输信息，只是我们在占用客户的时间。这种做法，不仅难以激发客户的共鸣与兴趣，反而会涉嫌“过度推销”，而被客户拉入黑名单。

因此，在商务谈判或与他人建立关系时，最好的方式之一就是让对方乐于在我们面前敞开心扉，畅所欲言。当我们做到主动倾听，让对方感觉到自己真正被尊重、被理解时，才能与之建立起牢固的信任关系。

第二，精准表达专业力

“专业力”是什么呢？通常来说，越专业的人往往越擅长倾听。**主动倾听不仅是一种态度，更是一种专业力的体现。**一个擅长沟通的职场达人，往往能够准确捕捉对方的需求与痛点，迅速理解并做出反馈，而后提供更加精准、有效的解决方案。

如果我们仔细观察会发现，专业力强的人都擅长以对方易于理解与接受的语言来回应，而非滔滔不绝地说个不停。相反，当一个人感到不自信时，会急于表达自己的观点，因而言语变得语无伦次，缺乏条理。

第三，展现涵养与自控力

有时候，倾听比发声更具有力量。

要做到倾听，需要抑制即时的表达欲望，而选择更为恰当、更具价值的沟通时机与方式。

我们在与人沟通时要适时地“惜字如金”。因为沉默是一种涵养，倾听的背后是自控力，更是一种自信。

实际上，人的思想维度越高，他的延迟满足能力和自控力就越强。

擅长主动倾听的人，往往能更加敏锐地发现问题。他们不仅在表达时字斟句酌，更会在倾听时全神贯注，随时捕捉对方话语中的漏洞与机会，展现出非凡的洞察力与行动力。

有效倾听，让沟通更顺畅

主动倾听，远非只是“竖起耳朵听”那么简单。在倾听过程中，我们不仅需要专注于对方的言语内容，还要敏锐捕捉其肢体语言、面部表情等非语言信息，同时管理好自己的身体语言，这样才能做到有效倾听。

倾听时，要根据以下六个维度做出灵活调整，使沟通更高效：

第一，眼神交流

眼神作为口头语言之外的第二语言，在有效倾听中扮演着至关重要的角色，它不仅是非言语沟通的重要方式，也是展现倾听者态度与专注度的重要标志。

眼神交流是有效倾听的重要组成部分。倾听者应通过眼神与说话者建立联系，传递出关注并理解对方的话语的信息。

这种交流不是简单地盯着对方的眼睛看，还包括通过眼神表达理解、共鸣、鼓励等情感。例如，当说话者表达重要观点时，倾听者可以通过微微点头或坚定的眼神给予回应（见图 5-1）。

图 5-1　倾听姿态示例

以下是一些关于有效倾听中眼神交流的具体方面：

1. **目光专注**。当倾听者认真聆听时，目光会集中在说话者的面部，尤其是眼睛区域。这种专注的目光传递出对谈话内容的兴趣和重视。倾听者要避免目光游离或频繁地转移视线，以免给说话者留下不专注或不耐烦的印象。

2. **眼神柔和而坚定**。倾听者的眼神应柔和而坚定，既能展现尊重和理解，又体现出自己的自信与专注。避免眼神过于强烈或微弱，从而影响沟通的效果。

在多人交谈的场合，倾听者还应注意合理分配目光，轮流与不同的人进行眼神交流，确保每个人都感受到被关注与重视。

3. **情感共鸣**。通过眼神传递情感共鸣是有效倾听的高级表现。当说话者表达喜悦、悲伤、愤怒等情感时，倾听者可以通过眼神的变化来表达自己的理解和共鸣。

例如，当说话者悲伤时，倾听者可以微微低头或皱眉，用眼神传递出同情和关怀。

4. **适时反馈**。在倾听过程中，倾听者还可以通过眼神给予适时反馈。例如，当说话者停顿或寻求确认时，倾听者可以通过点头或坚定的眼神给予肯定和支持。这种反馈往往能鼓励对方继续深入表达。

第二，肢体语言

适当的肢体语言能够加强沟通效果。既能够帮助倾听者更好地理解和回应说话者，又能够传达出倾听者的专注、尊重和共鸣。

倾听时，身体微微前倾，表明你对话题的兴趣和专注，这样的肢体语言能够给对方带来被尊重的感觉，鼓励对方继续分享。

另外，脚尖朝向和角度的运用虽然不如目光接触、身体前倾等肢体语言那么直观，但它同样能够反映倾听者的态度和心理状态。

以下是一些关于脚尖朝向和角度在有效倾听中的具体运用：

1. **正面朝向**。倾听者的脚尖正面朝向说话者，这表明倾听者正在关注着说话者，对谈话内容表现出高度的兴趣。这种朝向有助于建立积极的沟通氛围，促进双方之间的理解和信任。

2. **侧面或背对**。倾听者的脚尖朝向侧面或背对说话者，这意味着倾听者的注意力已经分散，或者对谈话内容不感兴趣。容易让对方产生被忽视的感觉，从而影响沟通效果。

3. **微微张开**。脚尖微微张开，表明倾听者处于一种放松的状态，既能够保持对谈话内容的关注，又不会显得过于紧张或僵硬。这种角度有助于倾听者更好地接收和理解说话者的信息。

4. **紧闭或交叉**。脚尖紧闭或交叉，表明倾听者感到紧张、不安或想保护自己。

这种状态可能会干扰倾听者的注意力，使其难以全神贯注地倾听说话者的内容。同时，这种肢体语言也可能给倾听者带来

“不友好”或“排斥”的信号。

以下为具体的肢体语言运用建议：

1. **保持正面朝向**。在有效倾听中，尽量保持脚尖正面朝向说话者，以传达出你的专注和尊重。

2. **调整脚尖角度**。根据谈话的氛围和自己的心理状态，适当调整脚尖的角度。保持微微张开的脚尖有助于放松身心，提升倾听专注度。

3. **观察对方反应**。在倾听过程中，也可以观察说话者的脚尖朝向和角度变化，以了解他的心理状态和情绪变化。这有助于你更准确地把握谈话的节奏与方向。

需要注意的是，脚尖朝向和角度的运用并不是孤立存在的肢体语言，它们往往需要与其他肢体语言（目光接触、面部表情、身体倾向等）相结合才能发挥出最佳效果。

第三，面部表情

面部表情是内心情感的真实反映。

在倾听过程中，我们需要根据说话者所说的内容做出不同的反应。

例如，当说话者讲述开心的事情时，我们可以点头、微笑；当说话者讲述悲伤或难过的事情时，我们可以抿嘴、蹙眉，这样的表情变化能让对方感受到我们的理解与共鸣，从而拉近彼此间的距离，促进更深入的交流。

第四，口头附和

口头附和可增强双方的互动与共鸣。

在说话者讲述的过程中，我们应适时地给予“对”“是的”等简短而真诚的附和，这不仅是简单的肯定，而是对说话者的尊重与理解。这样的反馈，能鼓励他们继续分享自己的想法和感受，让对话更加流畅地进行。

当然，口头附和并不是一味地随声附和，我们旨在表达一种尊重、倾听的态度，当我们的观点与说话者不同时，也需要等其表述完之后，再提出不同的见解。

第五，打开话匣子

找到共同的兴趣点和话题，能让双方的沟通更顺畅。

在沟通过程中，倾听者不能只保持静默，而要积极主动地引导对话，鼓励对方敞开心扉，分享更多见解与感受。当我们找到共同的谈话兴趣点，对方打开话匣子时，才能传达出我们所需要的关键信息，从而确保沟通的高效与深入。

第六，积极反馈

有效的倾听并不仅仅是听，还包括对信息的理解与反馈。

在说话者讲述结束后，我们可以再次重复对方所说的有效信息，以表示我们认真倾听并理解了其内容。这种积极反馈，能提升对方的信任感与满意度，使整个沟通和倾听过程达到圆满的效果。

深度倾听，得到信任与赏识

一个高情商的倾听者，往往懂得把表达机会“让”给别人。

他们不急于表达自己，而是让对方倾诉更多，把对方有效的信息进行归纳与整理。然后选择在恰当的时机，以更加成熟和周全的方式表达出自己的见解。

这样看似慢半拍的反馈，往往能够触动对方的心弦，甚至激发出新的观点与共鸣。

企业的高管团队发布了一则招聘启事，经筛选，两位候选人脱颖而出，随即安排面试事宜。

领导和第一位应聘者进行了长达三个小时的深入交流，对他的表现极为赞赏，认为他的工作能力很强。面试过后，人力资源（HR）询问领导对这位应聘者的看法，领导说：“这个人真的很不错，是我见过的应聘者中最有能力的一个。无论是他的学识、谈吐还是见识，都出类拔萃，我很难找到第二个如此优秀的人。”

尽管如此，领导觉得既然还有其他的面试人员，决定按照既定流程继续面试。

第二位应聘者同样谈了三个小时。当 HR 再次询问领导的看法时，领导回答：“这个人真的太厉害了。”这让 HR 感到困惑，原本认为之前那位应聘者已经足够优秀，没想到领导对第二位应聘者的评价也如此之高。

领导解释道："这个人虽然在交谈时没有说太多话，但他恰到好处地展示了深度见解，让我重新梳理了自己的人生，令我充分认识到了自身取得的成就与潜力，甚至萌生了撰写自传的强烈意愿。"

最终，领导不出意料地选择了后面的这位应聘者。

在沟通中，有智慧的倾听者不需要过多表现自己。他们只需保持眼神交流，适时给予鼓励，就能营造安全、舒适的倾诉环境。在这样的氛围中，对方会更愿意分享内心感受，甚至是深藏已久的秘密。

倾听是一种处世的智慧。通过倾听，我们不仅能够全面地了解对方的内心世界，还能强化彼此之间的情感纽带，赢得他人的赏识与信任。

当众表达的技巧

我相信大家对当众表达的场景并不陌生。

大到站在舞台上演讲、朗诵、主持大型会议，小到在公司会议上发表看法、在团队内分享个人心得、学习后做总结等，无论舞台大小，我们都不可避免地需要站在众人面前，分享观点，表达感受。

然而，当众表达这一看似寻常的能力，对许多人而言却是一大挑战。作为一名经常需要当众讲话的专业人士，我深有体会。

在自己的专业领域，我能够抓住关键点，流畅地表达观点，与他人进行有效沟通。这种自如的表现源于对专业能力的自信，而这份自信让我可以清晰准确地表达想法，取得理想的沟通效果。

但是我曾经经历过“至暗时刻”。就像大多数人一样，当面对陌生环境或更大规模的听众时，那种突如其来的紧张感会让人措手不及：大脑突然空白、声音不受控制地颤抖、语言组织能力瞬间丧失。

这些经历让我明白，想在公众场合自如地展现自我风采，首先需要克服“紧张”这一心理难关。

克服紧张，提升表达影响力

克服紧张，让当众表达成为一种自信而流畅的交流方式，掌握以下技巧和方法至关重要：

学会沉默，掌控节奏

当众表达时，要学会沉默，要相信沉默的力量。

很多人害怕沉默，觉得应该赶紧说些什么。但实际上，在当众表达时，短时间的沉默是一种强大的武器，如果运用得当，会给你带来意想不到的惊喜。

当我们站在台前时，可以适当沉默 3~5 秒钟。此时，你可以观察观众的表情和反应，调整自己的状态。如果观众表现出期待，你可以微笑着根据自己的节奏开始发言；若气氛较为沉闷，不妨稍作停顿，以沉默引发听众的好奇与关注。

在公众场合表达时，前 15 秒的准备非常重要。我们可以通过深呼吸、沉默和鞠躬等方式调整状态，为自己争取缓解紧张情绪的时间。

在开口讲话时，我们应适当降低音量。低音量会让你的表达更加令人期待，大家更愿意认真、用心地去聆听。很多人一开始说话就习惯性地提高音量，这种尖锐、高分贝的声音并不是每个人都愿意接受的。

低音量让声音更加柔和，也更富有感染力。当然，在需要强调发言内容重要性的时候，适当地提高音量也是必要的。

全程微笑，传递自信

微笑是表达的一部分，也是人际交往中最具魅力的语言之一。

在当众表达时，全程保持微笑，不仅能够展现我们的自信与从容，还能有效缓解紧张气氛，拉近与观众的距离。即使内心忐忑不安，只要保持微笑，观众就难以察觉到我们内心的紧张情绪。

刻意练习，熟练表达

经历了千人的大课、几十人的小课，以及一对一的私教课，我深刻体会到，若想游刃有余地在公众场合表达，刻意练习必不可少。

每一场公众演讲之前，我都投入了大量的时间与精力去准备，以确保自己能够熟练地表达内容。那几张演讲纸被我反复折叠、展开，我拿着它不停地背诵、对着镜子练习，一次又一次。最终站在舞台上，我交出了一份不错的答卷。

毫无疑问，无论在哪个领域，让普通人晋级为高手的唯一途径，就是“刻意练习”。

此外，若想在公众场合快速缓解紧张，我还有一个小技巧，特别有效：

攥紧拳头，绷紧全身，然后发力，坚持 3~5 秒钟，快速放松。持续多次进行。

这个方法是通过短暂的肌肉紧张与放松循环，帮助身体迅速达到放松状态，从而缓解紧张情绪。

当然，每个人的体质、反应不同，效果也有所差异。尝试找到一个适合自己的放松方式，对当众表达来说至关重要。

勇敢开口，让演讲更有底气

在舞台上当众演讲，是许多人向往的高光时刻。

然而现实中，我们往往因为胆怯或顾虑太多，而错失了许多展示自我的良机。

口才与胆识并非与生俱来。即便是经验丰富的职业演说家，经历了成千上万次的演讲磨砺，登台前也难免会感到紧张。

对未知的敬畏与紧张感，我们人人都有。

勇敢的人将每一次演讲视为一次成长的契机，每一次的颤抖与犹豫都是通往自信从容的必经之路。

我认识一位女孩子，她非常优秀，性格单纯而爽朗，我也很喜欢她。

有一次，她听完我的演讲后，主动向我提出了跟我学习的请求。

她是某展馆的主理人，非常想把工作做好，把自己馆内的展品更好地介绍给更多人，却苦于不敢当众说话。我被她的真诚好学打动，答应帮助她。

随后，我为她量身定制了一系列特训计划。

我先让她学习肢体语言的运用与技巧，教她如何通过站姿、坐姿乃至每一个细微的动作，来传递出自信与力量。然后，再进一步训练她的微笑，让笑容更具感染力。

同时，我也分享了自我介绍的“四步法”，指导她在分享会等公开场合表达时，重点强调自己的专业领域、公司特色和产品亮点。

她向我表达了自己的担忧：“我好担心自己会忘词，可以拿稿子读吗？”

我之前建议她在演讲稿中引用经典语录以增强论述力度，所以她写的词稿中，有很多名人名言，在短时间内确实难以背诵得流利。

面对她的顾虑，我鼓励她进行脱稿演讲，哪怕少说一些话，也尽量不要依赖稿子。因为脱稿演讲会让听众直观地感受到我们的自信与从容。

我引导她，如果真的出现忘词的情况，可以巧妙地与观众互动，比如邀请他们近距离观赏手上的玉石，再趁机思考接下来该讲什么。若实在想不起来了，其实也无妨，只要不是非常重要的内容，在向他人进行展示的时候，真诚和自信最能打动人。

在很多一对多的公众表达场景中，人们往往更关注演讲者的气度与临场应变能力。我们不必拘泥于演讲稿中的全部内容，不需要将其逐字逐句地讲出来。

我们只需要记住重要的点即可。

例如，我们可以记住一级大纲，如果记不住二级或三级，就可以根据自己的理解来讲解。一些无关紧要、难以用自己语言驾驭的内容，大可果断跳过，只要保持内容的连贯流畅即可。

在忘词的瞬间，保持自然与从容是关键。因为观众只会关注演讲的主题内容，不会深究台词细节。即使偶有口误，真实地承认并纠正，反而能赢得观众的理解与尊重。

后来的分享会，女孩一直微笑着演讲，我能看出她其实很紧张，甚至忘了词。但当她忘词时，她运用所学技巧与大家互动，或者巧妙地将话题抛给认识的人或积极倾听她讲话的人。

那一刻，她在我的眼里，从容不迫，光彩照人。而她也通过那次分享会更加自信了。

我相信，每个人都可以像这个女孩一样，通过后天的不懈练习与努力，最终战胜内心的胆怯，提升当众表达的能力。

当我们迈上舞台、勇敢地开口表达时，便已在成长道路上取得了重要突破。

游刃职场的社交技巧

在职场中，除了过硬的专业能力，一个人的沟通能力，决定了他的事业高度。

一些人面对领导时，往往显得过于拘谨，汇报工作时唯唯诺诺，不敢表达自己的真实想法与意见。说明他们还未建立自我的职场框架，也缺乏对个人成长和持续发展路径的清晰规划。

想要在职场中游刃有余，需要先建立自信，且要有魄力“向上沟通”。

向上沟通，成就职场竞争力

想在职场中快速成长，顺利地向上沟通，我们需要做到以下三点：

第一，建立“职场框架”

当我们踏入职场，首先要做的是明确自我定位与职业规划。

例如，我是谁？我在做什么？我将来要干什么？这是每个人都应该有的“职场框架”。这不仅仅是一个简单的职位设定，而是包含了对自身能力、兴趣及职业目标的全面评估。我们可以设定一个短期目标，并以此为基础，规划未来五年的职业晋升路径。

第二，做好资源对接

在职场环境中，我们需要培养敏锐的观察力，并做到与他人建立更好的资源对接。

同事之间的关系非常重要。虽说我们每天去上班是为了工作，不是为了交朋友，但职场需要人脉资源。有时候，一个平日里看似普通的同事，或许他的一句关键的话语，就能给我们带来意想不到的成长机会。

第三，了解企业框架

企业与员工是“一荣俱荣，一损俱损”的命运共同体，因此我们要了解自己所在企业的整体框架。从周边同级的同事、平行部门或团队，再到上一级的管理团队，最后到整个企业的顶层框架，我们都需要清晰认知，还要思考企业未来的发展走向是什么。当这些问题都有了答案时，我们便构建了对企业的完整认知框架。

向上沟通的方法与原则

无论是在职场还是生活中，与长辈或上级的顺畅交流都至关重要。

每个人都有其过人之处，值得我们学习与借鉴。在工作中，与上级领导沟通，仅仅做到不出错相对容易，但更有效的沟通是让上级资源为我所用，即“万物不为我所有，万物要为我所用”。这也是我特别强调向上沟通的原因。

在与领导深度沟通时，如何既表现出尊重，又能恰当地展现自己的优势，其中涉及很多职场中向上沟通的方法和原则。

明确自身角色定位

作为下属，我们应该全力以赴地完成自己的本职工作。同时主动寻求机会，适当地为上级分担压力、提供支持，以此展现我们的责任心与团队精神。

保持信息的透明与及时沟通

当上级布置完任务后，即使他们完全信任我们，也会关注进度，尤其是对于注重结果的领导而言更是如此。因此，我们应适时地向领导汇报工作进展、遇到的问题及解决方案。

这样既可以让领导掌握全局，又能体现我们的主动性与解决问题的能力。在汇报时，可以适当向领导请教，他们的经验往往能提供更全面的解决思路。

秉持不卑不亢的沟通态度

在与领导交流时，不管是线上还是线下，不卑不亢、真诚得体的态度非常重要，需要很好地把握尺度。

例如，在赞美领导时，一定要诚恳地夸到实处，而不是“拍马屁”式的泛泛而谈。

着装和打扮注意分寸

在着装打扮方面，我们应注重分寸与场合，既能为领导“撑场”，又不能过分张扬，以免逾越界限，这也是职场智慧的一种体现。

我相信，能够在以上这几个方面都做得恰到好处的下属，定会受到领导的青睐。

职场新人快速进阶指南

对于新入职的员工而言，迅速融入职场环境并展现自己积极正面的个人形象，是职场生涯的良好开端。

一个良好的职业形象应该具有高度的专业性和亲和力。

例如，在外在形象上，我们应以谦逊、低调为原则。穿着打扮宜多体现平和与内敛的气质。发型是形象的焦点，职场新人避免尝试强大气场的大波浪等发型。简洁大方的低盘发和干练短发，既能展现职业风范，又不会显得过于张扬。

在着装方面，套装是不错的选择。我建议选择衬衫搭配西裤，这样的搭配能凸显工作的专业性。此外，饰品应尽量精简，避免佩戴过于花哨、闪亮的饰品，以免给人留下不够踏实或过分注重外表的印象。

除了形象，语言交流同样是构建良好职场关系的关键。多使用积极正面的表达，不要在意一时的得失，在非原则性问题上适当妥协，特别是在领导面前。无论你进入职场时起点有多高，都应以谦逊的心态去学习成长。

初入职场，既要尽量低调，也要善于抓住机会。当获得领导赏识并被赋予新的工作任务时，要勇于承担，诚实地评估自身能力，并主动寻求指导。

我们可以诚恳地告诉领导：

非常感谢您能给我这个机会。我一定努力做好这个项目，但我在这个领域还有些不了解的地方，希望能得到您更多的指导。您能告诉我还需要做哪些方面的补充吗？

这样的态度能让领导看到你的进取心，从而给予更多支持。在职场中，我们需要通过沟通来维持社交平衡。我个人认为，同事之间并非纯粹的竞争关系，适度的竞争能促进进步，但过度竞争可能会破坏团队和谐。因此，既要保持进取心，也要有包容合作的胸怀。

热播剧《大法官》中提到，如果一个人太软弱，就会被别人欺负；而如果太强硬，又容易变得脆弱。因此，职场新人需要具备一定的柔韧度，以及灵活性。这样，才能应对职场中的各种挑战与变化。

在明确职业方向后，应寻找该领域内经验丰富、认知水平高的前辈作为榜样或导师。通过模仿和学习他们的经验，逐步提升自己，最终实现超越。

如果你已经设定了目标，就应勇敢迎接挑战，努力向上攀登。职场如同马拉松，短暂的挫折不会决定成败，持久的耐力与智慧才是成功的关键。

拓展人脉，走成功者走过的路

若想在社交中得体地表达自我并快速拓展人脉，我们需要抓住每一个塑造个人形象的契机，并提前规划，尽快付诸实施。

然而，每个人的经历与境遇都有局限性，能力和视野也大不相同。当自我辨识力尚不足时，可以主动向上沟通，寻找能指导自己的引路人，帮助我们突破现有维度。

这位引路人未必财富丰厚或地位很高，但必须对我们充满信任与认可。他们拥有极高的认知能力，能引领我们跨越认知的局限，开阔我们的视野。

走成功的人走过的路，可以避免很多不必要的挫折。当然，前提是我们已做好充分准备，才能在遇到这样的贵人时，把握住机会，与之建立有价值的合作关系。

如果想通过沟通来提升自己的影响力，成为他人眼中靠谱的职场人，关键要做到“言出必行、行则必果”。

无论身处何种环境，哪怕因为一些失误而导致一时的损失，只要始终诚实守信，付出的努力与坚持终将得到回报。因为所有人都愿意亲近和跟随那些言行一致、值得信赖的人。

职场是人生的试炼场，千万不要“混”职场，而是要“炼”职场。

那么，你现在是初入职场的新人，还是久经“沙场”的职场老将？面对职场中的挑战与历练，你是如何一步步通关的？

生活中的说话技巧

在这个快节奏的时代，不少人都习惯隐藏真实的自我，“戴着面具”生活。

这类人以职场精英居多，他们在自己的专业领域游刃有余，凭出色的工作能力赢得了行业认可。但回到生活中，却常常由于缺乏灵活应变的沟通能力，感到力不从心。

还有许多人不太擅长社交，很少参加朋友圈聚会，哪怕和家人相处时，也很容易出现沟通不畅，甚至关系紧张的情况。

令人遗憾，很多人没意识到沟通的重要性，还有不少人逃避沟通，难以向身边人敞开心扉，认为“说了也没用”。为什么会有这种情况发生呢？

或许是因为，我们在职场上习惯了高效、直接的沟通方式，回到生活中却难以转换角色，无法在工作与生活中找到平衡。

例如，一位男性管理者，在家里与伴侣沟通时，不自觉地带有职场威严的语气，甚至动不动就横加指责。而一位在职场上受了委屈的妈妈，回家后可能会因为孩子的一点小错误就大发雷霆，让孩子不知所措。

当家人或朋友对我们怀着关切之心、小心翼翼地询问我们工作情况时，我们甚至会产生排斥心理，认为他们不能分担我们的压力，也不能理解我们的立场。

这种想法，导致我们和身边人的隔阂越来越大，最终形成恶性循环，只关注工作而忽视了生活。

实际上，好的家庭关系应该是所有家庭成员共同进步。一次真诚的对话，能让家人更好地理解我们，帮助我们疏导情绪、缓解压力，从而建立起更健康、更亲密、更持久的关系。

同样地，当家庭关系和朋友关系紧密时，我们也可以从中获得更多的能量，这将使我们更有勇气去面对工作，应对挑战。

与爱人沟通：懂得示弱更亲密

与爱人沟通时，学会适当示弱是一个很好的沟通技巧。

当我们与伴侣产生观点分歧时，与其争个对错，不妨主动示弱，不在口头上争输赢，接受“和而不同”的相处状态。

在亲密关系中，懂得示弱往往能够增进双方的信任与亲密感。

当妻子希望丈夫分担家务时，直接指责或抱怨不如换一种方式表达：

老公，我今天有点累，你能帮忙洗一下衣服吗？

这样的表达既说明了需求，又给了丈夫一个表现的机会，让他感受到自己在家庭中的重要性。同样，当妻子在工作生活中遇到不如意的事情时，也可以向丈夫坦白内心的烦恼，请求他的帮助支持。这种示弱不仅让丈夫感受到被信任和被需要，也让他更加愿意为家庭付出。

在亲密关系中，情感沟通是非常重要的。当双方出现矛盾或分歧时，示弱往往能够更好地化解矛盾。当妻子对丈夫的某些行为感到不满时，她可以先表达自己的感受和需要，然后以一种柔和的方式提出自己的期望：

我知道你很忙，如果你可以抽一点时间陪陪我，我肯定会高兴好久。

这样的表达既传达了自己的需求，又避免了指责，更容易让丈夫接受并改善自己的行为。

生活就是这样，夫妻间总会有一些争吵，但必须有一个人先示弱。如果没有人示弱，两人都想争赢对方，那么家庭就会变成战场，从此不得安宁。

家庭中很多矛盾的产生往往是因为双方的立场与角度不同，导致沟通效果不好。举一个简单的例子：

你晚上加班回到家，发现先生破天荒地给你留了一碗汤，可里面只有两颗肉丸子。你明知道是对方吃剩下的，可如果直接抱怨“你为什么只留了两颗肉丸子”，对方就会找各种理由搪塞，甚至会激发他的负面情绪，从而引发争吵。反过来，你笑着问对方：

好开心呀，你怎么想到给我留两颗肉丸子呢？

我相信，对方肯定会予以好的回应，“我特意给你留的”，或回答“我觉得特别好吃，想让你也尝尝”。

等到下次，遇到同样的场景，他也会顾及你的感受，自己认为好吃的，特意留给你，因为人都会去努力践行自己所说过的话。

当我们想让对方去做某件事情的时候，很多人会习惯性地说“你应该”，我更建议大家说“我需要”。同样的场景，你下班回到家，你可以说：

今天上班好累，老公，我需要你想想晚上的安排。

这样，你不仅说出了你的感受，也表达了你的需求。听到你这么说，对方会很乐意去安排晚上的活动，同时也会体恤你工作的辛苦，家里的氛围不就更好了吗？

我认为示弱是一种表达爱的方式。即使有些女性不擅长表达情感，通过示弱也可以给对方带来情绪价值。

有一次我和丈夫吵架了，我们陷入了冷战，互相不理睬。当时恰好我要出差，他正生着气，不想送我去机场，于是我用示弱的语气和他说：

我的眉笔好像不能用了，需要削眉笔了。你能帮我削吗？

自从我和他在一起后，我自己从未削过一次眉笔，一直都是他在帮我削。

即使我们吵架了、冷战了，“削眉笔”这件事他也从未含糊过，这就是我们的相处方式。

当他递给我眉笔的那一刹那，我突然意识到，他已经帮我削了19年的眉笔了。

这份不经意的发现，让我心生暖意。

婚姻中的矛盾并不可怕，关键在于修复的方式。一句“这个我不太懂”，一声“需要你帮忙”，往往就能让剑拔弩张的气氛烟消云散。

在工作和生活中，男人需要感受到自己是有价值的，需要“被需要”的感觉。而在这些日常的、看似微不足道的“示弱”中，像削眉笔这样的小事，就成了一个非常重要的情感连接。

有时候，几句示弱的话语，让自己的伴侣感到开心与满足，这就是极大的情绪价值。我们给予彼此的情绪价值越多，婚姻“情感银行”里的余额就越高，幸福度也就越高。

与孩子沟通：展现示范的力量

与孩子沟通时也需要掌握一些技巧和原则。

我通常会让孩子自己决定是否要吃油炸食品、喝奶茶或玩游戏。这样孩子就有了“是”和“否”两种选择，而如果直接拒绝他的请求，他的念头就成了“我很想吃”或“我很想玩”。

我和孩子的关系就像朋友一样。我时常会带他去做他认为有趣的事情，比如体验新游戏、品尝新零食等。这样做可以激发孩子的好奇心，也可以培养他独立思考的能力。

和孩子聊学习时，我很少问他作业做了没，而是会说：“今天的作业看起来有点难度呢。”这样的开场白让孩子更愿意分享。他可能会告诉我完成的进度，或是坦言“这道题真的很难”。这时，我会适时询问是否需要帮助……

孩子经常反馈，我这样的方式让他感受到了支持而非压力。

很多家长聚会，难免会聊及彼此孩子的学习成绩。不少家长当着孩子的面，会习惯性地采用“踩一夸一”的方式，例如，“你们家孩子这次考了98分，好棒！不像我们家这个，总是粗枝大叶，这次只考了95分。”

孩子在旁边听到了，很容易产生负面心理。一方面，他认为妈妈是不认可自己的，觉得自己不如别人家的孩子；另一方面，他会产生强烈的心理暗示，认为自己的缺点是“粗枝大叶”。

不妨试试“夸一捧一”的方式，这样说：

这次考试，两个孩子都表现得很不错喔。你家孩子好能干，考了98分，我们家孩子也好棒，考了95分，如果他俩再细心一点，下次一定都能考满分！

孩子听到家长这样的对话，我相信，他肯定是高兴的，因为他得到了妈妈的认可。当然，他也能发现自己的不足，下次肯定会更努力，让自己再细心一点儿。

作为家长，可能还会陷入一个误区，觉得自己是孩子的榜样，在孩子面前必须表现出强大的一面。其实不然，我们偶尔在孩子面前示弱，反而会激发孩子的责任感。**我们适当示弱、懂得示弱，我们的孩子反而会变得独立而强大。**

我有时会在儿子面前示弱，甚至在他面前流泪，真实地表达自己的情绪。

妈妈今天很累，有点不想说话。

他会上前抱抱我，安慰我说：

妈妈累了，咱们就不说话，等想说的时候我们再说。

所以，在他的印象中，妈妈也有脆弱的一面。同时，我也会跟他分享：无论是男孩还是男子汉，就算一个人再强大，都会有累的时候、有困难的时候。我们无论什么时候都要学会接纳自己的情绪，有需要就要勇于向他人求助。

现在，当儿子感到不舒服或无法解决问题时，他会说“妈妈，我想哭一会儿”，或者说“妈妈，我需要您的帮助”。

当我面临困难或需要挑战时，我也会让儿子看到。例如，当我面对一场完全陌生领域的演讲时，我会“征询”他的建议，告诉他我的困难，当然也会听取他的建议，并在最终综合考虑之后告诉他我会怎么做。

这样他看到的不是无所不能的妈妈，而是一个敢于面对困难的榜样。

在我的引导下，我的儿子也会尝试挑战自己。当他遇到不懂的领域时，他会说：

妈妈，我也想挑战一下。

作为妈妈，我认为自己一直都在砥砺前行，也希望所有妈妈都能成为孩子的榜样，用榜样的力量支持孩子勇敢前进，无惧人生风雨。

我最幸福的时刻，是听到儿子和我说（见图 5-2、图 5-3）：

真高兴有您这样一个妈妈。我很幸福。

图 5-2　我与儿子

图 5-3　儿子陪我过生日

与老师沟通：加深印象，引导关注

家长和老师沟通时，也需要注意维护孩子的利益，并帮助他融入班集体。

我的孩子特别幸运，他遇到了一位非常好的老师。这位老师善于观察孩子，并且非常懂得鼓励孩子。

一年级时，孩子当选班长让我倍感骄傲。但当我了解到班上其他优秀同学的情况后，不禁好奇：为什么是性格内向的儿子获此殊荣？我的孩子非常普通，他们班有很多更优秀的孩子，我的儿子却成为班长，这是为什么呢？

老师给出了温暖的答案：他擅长朗读，一入学就主动带领大家早读，并且他是一个非常有正义感的孩子。听到老师的赞许，我特别高兴，同时为孩子感到分外骄傲。

但是没过几天，我接到了老师的电话，说孩子的情绪有点低落。

经过沟通，我才知道孩子在带领大家读课文时，有同学当众指出他的字读得不对，6 岁的孩子就心情低落了。我很感激老师能及时与我沟通，告知孩子的状况，让我获得了与老师深入交流的机会，也能更好地了解和走进孩子的内心世界。我儿子相对来说性格比较内向，我诚恳地请老师给予更多关注。

一晃孩子已经六年级了，现在与老师沟通的时候，我经常问老师：

亲爱的老师，如果您是我们家孩子的妈妈，您会怎么做？

这个提问总能换来老师设身处地的分析与中肯建议。

良好的沟通氛围既树立了孩子在老师心目中的积极形象，也能够让老师与家长的沟通更为顺畅。

与朋友沟通：真诚守诺，不越边界

朋友之间也有很多沟通技巧与原则。

面对普通朋友，我选择求同存异，只要不涉及原则性问题，相互尊重与理解即可。

信任是友情的隐形契约。我和许多人一样，也曾遭遇过“闺密”的欺骗，当我倾心相待时，对方却暗藏私心，甚至蓄意伤害。所以，即使面对最深的信任关系，也需保留一份理性。

真挚的友谊必须建立在真诚的基础上。在这个快节奏的时代，朋友之间能真心相待尤为珍贵。我一位朋友，她出于善意借给朋友一笔钱，却遭遇了逃避与谎言，最终钱没了，友谊也尽了。现在她与这位“朋友”处于失联的状态。她内心深处其实只希望挽回损失，不愿过多追究。但这段经历于她而言，无疑是对情感的重击。有人建议她采取法律途径解决问题，虽然这个过程会很漫长，但却能维护她的权益，同时也是一种合理且必要的选择。

人与人之间最舒服的关系，是保持边界感。朋友间也是如此。

我不太愿意改变身边的朋友，他们本来的样子就很好。我有一个朋友平时不修边幅，每次和我一起出去，我们都会形成很大的反差。但除了这点，她有很多优点，比如乐于助人，处处为朋友着想，每当我陷入困境或遇到困难，她总是会毫不犹豫地帮助我。我认为与朋友相处时，要尊重“不同”，不以自己的尺度去衡量、去指点他人。

在与朋友的交流中，倾听并守护朋友的秘密也很关键。当朋友向我们敞开心扉、倾诉自己的秘密时，代表着对我们的绝对信任。所以，我们要守口如瓶，不要将秘密告诉第三个人。**真正的友谊应该建立在相互尊重和信任之上，而非单纯的信息交换。**

维持良好人际关系的秘诀在于将心比心，用心感受对方的需求与情感，懂得给予与付出，同时也要展现出最真实的、独一无二的自我，这样才能收获真挚的友谊。

一个人的处世态度与行为方式，会直接影响他人对其的评价。那么，你有没有想过，在朋友眼中，我们又是怎样的模样呢？

去除专业化，追求生活化，让礼仪文化渗透到工作和生活中，才能真正为我们的美好赋能。

6

第六章
礼仪·做一个有理有派且优雅的人

礼仪是一种美的文化

一个人真正的魅力源于气质与内涵，而这体现在每一个优雅的举止和每一句得体的言谈之中。这些都需要礼仪的加持。

如果一个人仅有外在之美而缺乏内涵，终究是徒有其表，如同一束精雕细琢的假花，虽色彩明艳却毫无生机与活力。

礼仪不仅仅是一种表面的仪式，更是一种无形的力量，能在无声之中传递信息，传达尊重与友善，还能化解尴尬，甚至解决矛盾纷争。它是人际交往中不可或缺的“润滑剂”。

被误会的礼仪

在传播礼仪知识的这些年里，单位的尊重、企业的期盼，以及学员朋友对我的各种期待，让我深感责任重大。但与此同时，我也发现许多朋友对礼仪的理解存在一些误区。

误区一：礼仪只是站、坐、行、蹲的表象

许多人没有深入了解礼仪，将其简化为一系列的基本动作，包括站、坐、行、蹲等方面的标准和要求。

这种理解太过片面，忽略了礼仪的深层含义。实际上，礼仪是一种全面且深层的社交艺术，它不仅包括身体语言，还涵盖了言谈举止、着装打扮、面部表情以及与他人互动等。

误区二：礼仪只与从事礼仪工作的人有关

有些人认为，只有礼宾人员或特定职业的人才需要关注礼仪，礼仪与普通大众的日常生活无关。这是一种误解。礼仪是每个人都应该学习和实践的，它体现在日常生活的方方面面，无论是个人行为、职场交往还是社会活动要求，人生处处有礼仪。

误区三：礼仪是一种束缚，限制了人们的行为和言语

有些人认为“礼仪是一种反人类的学科”。因为人的本性是不希望被束缚，而礼仪似乎一直在用一些规则和方法约束人们的言行，比如规定站姿、坐姿、说话的方式等。

实际上，礼仪是对人们积极行为的提炼与总结。它是一门社会学科，其目的在于促进社会和谐、提升个人社交能力并增强个人影响力。许多人之所以会对礼仪有这种误解，核心原因是没有意识到“自律”的重要性。

自律才是通往自由的途径。得体的言行能带来尊重，而随性的举止反而可能惹来麻烦。

误区四：礼仪是对古代礼节的继承，细节很烦琐

这个观点有些片面。礼仪在随着时代的发展而不断演变与简化，更好地适应了现代社会的节奏和需求。

中国素有“礼仪之邦”之称，以“礼”治国安家是传统文化的核心。

揖礼在古代社会中被广泛应用，并一直流传至今。揖礼是一种站立姿态的礼仪，不需跪拜，礼节较拜礼要轻一些。它起源于周代以前，随着周公摄政并确立周朝的典章制度和礼乐制度，揖礼行于天下，成为古代社会重要的相见礼之一。

据《周礼》记载，根据双方的地位和关系，揖礼有多种不同的形式，主要包括以下几种。

天揖（上揖）

行礼方式：在正式礼仪场合，比如祭礼、冠礼等，对尊长及同族中人行此礼。行礼时，身体肃立，双手合抱，左手在上，手心向内；俯身推手时，双手缓缓高举齐额（略高过眉心），俯身约60° 起身时恢复立容。

特点：此礼最为恭敬，多用于正式场合。

时揖（中揖）

行礼方式：同辈日常见面、辞别时行此礼。行礼时，身体肃立，双手抱拳，左手在上，手心向下，从胸前向外平推，俯身约

30° 起身时自然垂手。

特点：此礼较为日常，适用于平辈之间。

土揖（下揖）

行礼方式：长辈或上司还礼时行此礼。行礼时，身体肃立，双手合抱，左手在上，手心向内，俯身约 30° ，推手稍向下，然后缓缓起身，恢复立容。

特点：此礼表示谦逊和尊重。

除此之外，还有长揖：拱手高举，自上而下向人行礼。行礼时，身体前倾，腰身微弯，拱手高举过头，然后缓缓放下；特揖：一个一个地作揖，适用于需要逐一问候的场合；旅揖：按等级分别作揖，多用于官场或正式集会；旁三揖：对众人一次作揖三下，表示对众人的问候和尊重。

在现代生活中，我们并没有完全抛弃这些传统礼节，而是保留其精髓，再以简洁的形式去表现。比如一个简单的鞠躬、一个温暖的微笑、一个友好的点头等，都能传达出尊重和礼貌，且更加符合现代社交的特点。

初入职场，你应该知道的礼仪

职场是一个微妙的场合，即使是面对小办公室三两同事，也需要我们掌握恰到好处的礼仪规范。一方面，我们要有明确的等级意识，明确上下级关系；另一方面，不管对方身份如何，我们都要做到不卑不亢。

要想把握好这微妙关系的平衡，需要对礼仪有深刻的理解和恰当地运用，这是职场和谐成功的关键，值得我们细细体会、总结与实践。

那些被忽视的礼仪

职场新人容易忽略的礼仪细节，恰恰是专业形象与人际和谐的基石。

仪表形象

对于职场新人而言，塑造一个恰当的仪表形象是一项挑战。

一方面，有些朋友可能会因预算不足而难以购买得体的职业装；另一方面，有些朋友可能过于追求完美，过度打扮，导致自己的着装过于华丽，与职场环境格格不入。我曾经见过一些女性，她们可能想给人留下“精英”的印象，但打扮得却像个老板，这就是过度的表现。

曾经有这么一个情况：

一位资深的人力资源总监因为生二胎而辞职在家，在当全职主妇的两年后，她决定重新进入职场。

她的家庭经济状况较好，一贯的着装风格偏时尚高级，在入职当天为了获得好印象，她穿的是真丝衬衫+包臀半身裙+风衣，外加鸽子蛋大的钻戒和品牌项链。这样华丽的穿着导致领导分不清她是员工还是客户，平级同事见此也窃窃私语，都认为她着装过于张扬。

一直到下午，她发现领导换了服装风格和发型，才恍然大悟：原来因为自己的刻意装扮，让领导产生了很大的误会。她随即取下了戒指、项链等贵重首饰。

第二天，她换了简单衬衫、西裤和外套，办公室的整个氛围恢复了和谐，不仅同事们夸她更显年轻（其实就是符合她的岗位着装要求），领导甚至提议请大家一起用餐，庆祝她入职。

可见职场仪表形象如同无声的自我介绍，可以传递个人品位和专业态度。关键在于，我们须确保着装整洁、得体，与职位相得益彰，而不是刻意追求昂贵或奢华。

等级意识

等级意识在职场中不容忽视。

我们在这里强调的“等级意识”，并不是上级对下级进行压迫，或者说下级对上级绝对服从，我们强调的是一种规范——明确每个人的角色和职责，确保每个人都能在岗位上发挥最大的效能，形成高效、和谐的工作环境。

如果你是基层员工，你的任务就是尽职尽责地完成分内的工作，保持对上级的尊重，并以积极的态度寻求上级的指导和支持。如果你是中层管理者，你就要做好上传下达任务，确保信息传递准确，不能越权行事，也不能忽视下属的需求。如果你是高层领导，你的任务就是适时关心职业发展和福利，通过有效的资源调配和激励机制，增强团队的凝聚力，提高工作效率。

这样打招呼更合适

在职场中，恰当的问候是与人建立良好关系、给人留下深刻印象的前提。以下是一些见面时常见的礼仪规范以及具体的应用方法：

名字/职务+问候语：在较为轻松或熟悉的工作环境，“名字+问候语”是一种亲切的打招呼方式。如果遇到了一个老同事，你可以简单地说：

李明，今天的状态很不错哦！

这种方式有助于营造友好、轻松的氛围。

在较为正式或有外部合作伙伴参与的场合，使用“职务+问候语”更为妥当。如果在公司遇到了财务经理，你可以说：

张经理，上午好！

这样的问候不仅表明了你对领导的尊重，也体现你对职场规范的重视。

握手 / 招手：握手是一种传统的问候方式，适用于初次见面或正式场合。

当你被介绍给一位新客户时，可以伸出手说：

很高兴见到您，我是公司的项目经理 ×××。

注意，握手时要力度适中，保持微笑，确保目光交流。

同事之间日常相遇，握手显得过于正式且奇怪，简单招手更为合适。例如，你在走廊遇到了同事，可以挥手并微笑致意。

点头礼 / 欠身礼：当你在忙碌或不方便起身时，点头礼是一种快速而礼貌的问候方式。例如，你在会议室里全神贯注地听汇报时，可以用点头示意同事的到来。

此外，还有欠身礼，适用于领导或身份尊贵的客人到访的场合。例如，当总公司的董事长来分公司巡查，若不便站起，可从座位上稍起身，身体前倾约 45° 致意，并说：

您好，非常欢迎您的到来。

礼貌拒绝不合理的要求

在职场中，学会礼貌而坚定地拒绝不合理的要求是一项重要技能。这不仅能保护个人权益，还能维护你的专业形象。

例如，你的上级提出一个超出你当前工作范围和能力的任务，要求在极短时间内完成，这显然是不切实际的。

面对这一不合理的工作要求，你可以这样表达：

感谢您的信任。考虑到任务的复杂性和紧迫性，我担心现有条件很难保证质量。建议我们先评估优先级和可行性，制订更合理的时间表。如须立即行动，我可以协助推荐更适合的团队。

在工作中，拒绝他人并表达“事缓则圆”的理念，是一种既智慧又有利于保持和谐关系的艺术。

例如：作为项目经理，你面临一个紧迫的截止日期，但某个关键任务因外部供应商延误而受到影响。团队成员提出加班赶工以按时完成，但你意识到这可能导致质量下降。

对此，你可以这样回应：

我非常理解大家对按时交付的渴望，但“事缓则圆”，我们需要平衡速度与质量。我建议与供应商紧急沟通，争取到合理的延期，并利用这段时间优化方案，确保最终成果既高效又优质。同时，我会与上级沟通，争取调整项目计划中的缓冲时间，以应对不可预见的风险。

再比如客户的需求调整：作为产品经理，客户突然提出在即将发布的产品中加入一项全新功能，这将对项目进度和预算产生重大影响。

你可以这样沟通：

我们非常重视您的反馈，需要全面评估这一变更对整体项目的影响。我建议先安排一次深入的讨论会，详细分析新功能的可行性、实施难度以及对现有功能的潜在影响。同时，我也会与团队一起探讨替代方案或分阶段实施的策略，以确保为您和用户提供最佳的产品体验。

通过以上三种方式，我们合理地拒绝了不合理的要求，还提出了建设性的解决方案，这样既维护了自己的立场和团队的利益，又保持了与上级、同事和客户之间的良好关系。

如何正确向上级汇报

向上级汇报也需要一定的礼仪，这正是展示专业性和沟通技巧的重要环节。

在正式提交工作报告之前，和领导预先沟通。你可以通过电话、微信或面对面的方式进行初步沟通，让领导了解你的工作进度和要提交的内容。

在进入领导办公室前，先掌握敲门的礼仪。一般情况下，你用两根手指轻敲三下，先轻敲一下，停顿两秒，再稍重敲两下，这样可以给领导反应的时间。一定不要急促地连续敲击，以免显得急躁粗鲁。

进入房间时，很多人的做法是转身关门，背对领导，这实际上是错误且不礼貌的。正确的做法是面对领导所在的方向，反手关好门。离开时也是如此，面向领导的方向离开，而不是背对领导离开，以免被认为不尊重对方。离开的时候，你可以先向领导点头示意，然后转身离开，确保在离开过程中没有完全背对着他。

如果与异性领导交谈，建议保持门敞开或半开。这样做不仅可以保护个人安全，也维护了领导的声誉，还避免了办公室其他人的误解与猜疑。

在面对面向领导汇报时，要保持适当的距离，保持自信而谦虚的态度，特别注意眼神等微表情的使用和语言的简练表达。例如，汇报时，你可以先简要介绍成果，然后表达对领导的感谢，适时提出需要领导继续支持的地方。

职场礼仪或许不是登顶的决定因素，但它如同船帆，让你在风浪中不偏离航向，不因小失大，不错过机遇。

那么，请你回忆一下，在职场中你是否曾因疏忽礼仪而感到尴尬？是否曾因不懂得礼仪而错失良机？

商务宴请礼仪攻略

商务宴请绝非简单的用餐活动，而是商务交往中至关重要的环节。它不仅能彰显个人的职业素养，也影响着商务合作的效果。俗话说，商场如战场。所以，一定要重视商务宴请的相关礼仪，让自己以最好的状态出现。

我在这里做了一份相对详尽的商务宴请礼仪攻略，希望对你有所帮助。

餐前礼仪

1. **明确目的与主题**。商务宴请前，先明确宴请的目的与主题，以便后续安排能够紧扣主题，达到宴请的预期效果。

2. **了解客人信息**。了解客人的喜好和习惯，包括饮食偏好、宗教信仰等，以便在菜品选择和座位安排上做到贴心周到。

3. **选择合适的地点与餐厅**。根据客人的身份和地位，选择合适的宴请地点和餐厅，确保环境优雅、氛围融洽。同时，提前与餐厅沟通好菜单、酒水等事宜，确保菜品新鲜、口味独特。

4. **准备物品**。准备好名片、礼物等物品，便于宴会期间进行交流和赠送。

5. **规划交通与停车**。提前规划好交通路线和停车问题，确保客人能够顺利到达。

6. **氛围营造与创新**。商务宴请可适当增加体现公司文化的创新。例如，在一次中秋宴请中，我在每个席位上都摆上了一盏月亮造型的氛围小灯，用餐时由客人点亮自己席位的“月亮”。

这样的安排既表达了对客人的节日祝福，也衬托出了现场的节日氛围，彰显了企业文化。

此外，还有很多需要特别注意的地方。

1. **着装得体**。根据宴会的性质和场合选择合适的服装，展现自己的专业素养和品位。

2. **提前到达**。尽量提前到达宴会地点，以便有足够的时间熟悉环境。

3. **座次安排**。就座前，需要先观察并了解会场的座位分布，包括领导、主管和同事等不同层级人员的座位。根据“尚左尊东”“面朝大门为尊”的原则安排座位。圆桌正对大门处为主位，主位左右手边的位置以离主客的距离为准，越近越尊贵。

大宴会上，桌与桌间的排列也有讲究，首席要居前居中。在一般宴请中，作为主宾，需遵循谦让的原则，不要急于坐下。

除此之外，还要避免敏感座位，比如远离门口的位置、背靠装饰性背景的位置、面对景观的位置都尽量不要坐，这些通常是留给领导或买单者的。

在等待安排座位时，如果有人向你提供座位，你可以先礼让，请他人去坐，但被安排在这个位置三次及以上时，就不要再推辞了，可以大方就座。这就是所谓的“谦让有三”原则。

点餐礼仪

在商务宴请时，点餐也是一门学问，需掌握相关礼仪。

若你是宴请方，记得提前预订，避免出现等位的尴尬情况。

如果时间允许，等大多数客人到齐之后，将菜单提供给客人传阅，并请他们来点菜。点菜时，要结合宴请的重要程度、受邀人等级以及人数合理点菜，荤素搭配，男女有别，点酒水时也要征求客人意见。

若需要提前备餐，点餐前要了解客人的饮食偏好与禁忌，特别是有特定饮食习惯的客人。如商务宴席上女性居多，应避免带骨头或壳的食物。

在一次全国开课时，我们需要接待一位教授。事先我们询问他能否吃辣，在得到了肯定答复后，就安排了麻辣味牛肉。

但是，用餐时我发现那道菜教授一口都没吃，经过一番沟通，才知道原来对方有不吃牛肉的习惯。可见宴请接待中，我们需要更加全面了解对方饮食偏好和禁忌。

此外，还须根据宴请人数和饭量适量点菜，避免浪费。一般来说，可以按照每人平均1~2道菜的标准点菜，或者按照赴宴人数加2~3道菜确定菜品数量。由于很多地区菜品数量忌讳单数，应尽量选择双数。同时结合用餐人员的性别、用餐时的天气等因素来确定菜品数量。

在商务宴请中，热菜的最佳比例并没有绝对的标准，需要根据具体情况来灵活确定。我可以根据以往经验归纳出一个大致的比例范围。

一般来说，热菜在商务宴请中占据主导地位，是宴请菜品的核心部分，比例应该相对较高，以满足客人对主菜的需求和期待。

以下是一些关于热菜比例的建议：

1. 荤素搭配。一般来说，荤菜比例可稍高，但也要确保素菜的数量适中，以保证营养均衡和口味的多样性。根据常见的建议，热菜中的荤素比例可为7∶3或6∶4，具体取决于客人的口味偏好和宴请的主题。

2. 数量控制。热菜的数量根据宴请的人数来确定。一般来说，热菜的数量可为就餐人数的 1.2~1.5 倍。

例如，宴请的人数是 10 人，那么热菜的数量可以是 12~15 道。这样可以确保每位客人都能品尝到足够的菜品，同时不会造成浪费。

3. 菜品选择。选择热菜时，应该考虑菜品的种类、口味和烹饪方式。可以选择一些具有地方特色的菜品，或者是宾客不太常吃到的菜品，以增加宴请的新颖性和吸引力。

4. 整体搭配。除了热菜本身的比例和选择，还需要考虑热菜与其他菜品（凉菜、汤品、主食等）的整体搭配。确保整个宴请的菜品丰富多样、口味均衡，以满足客人的不同需求和偏好。

很多人比较头疼凉菜的具体配置比例，其并没有一个绝对的固定标准，需要根据宴请的规模、人数、季节、客人口味偏好以及整体的菜品搭配等多种因素来灵活确定。我给出一个建议性的配置比例范围：

1. 人数比例。一个常用的参考比例是凉菜数量为用餐人数的 1/3~1/2。这意味着，如果宴请的人数较多，凉菜的比例可以稍微低一些，比如 1/3；如果人数较少，或者为了营造更丰富的开场氛围，凉菜的比例可以增加到 1/2 甚至略多。请注意，这个比例并不是绝对的，可以根据实际情况进行调整。

2. **荤素搭配**。一般来说，荤菜的比例可以稍高一些，具体的荤素比例可以根据客人的口味偏好和宴请的主题来确定，常见的搭配比例可以是 2 素 3 荤或 3 素 2 荤。

3. **菜品选择**。凉菜的选择应该多样化，包括肉类、海鲜、蔬菜等不同食材，以及卤制、凉拌、腌制等多种烹饪方式。

4. **季节因素**。选择凉菜时，还需要考虑季节因素。夏季天气炎热时，可以选择清爽开胃的凉菜，如凉拌黄瓜、冰镇秋葵等；冬季则可以选择温热滋补的凉菜，如卤牛肉、卤鸭脖等。

5. **整体搭配**。凉菜作为商务宴请的开胃菜，其数量和种类应该与整体菜品相协调。确定凉菜配置比例时，还需要考虑热菜、汤品、主食等其他菜品的数量和种类，以确保整个宴请的菜品丰富多样、口味均衡。

假设宴请人数为 10 人，以下是一个建议性的凉菜配置示例。

荤菜：卤牛肉（1 份）、凉拌猪耳朵（1 份）、五香牛肉片（1 份）。

素菜：凉拌木耳（1 份）、拍黄瓜（1 份）。

总数量：5 道凉菜（其中荤菜 3 道、素菜 2 道），符合用餐人数的 1/3~1/2 的比例范围。

请注意，这只是一个示例配置，具体的凉菜配置比例还需要根据实际情况调整。在商务宴请中，最重要的是根据客人的需求和喜好来灵活安排菜品，以确保宴请成功和客人满意。

用餐礼仪

在用餐时，遵循一定的礼仪是表达尊重和礼貌的重要方式。

当和长辈用餐时，应先让长辈动筷子，才能开始用餐。在商务宴请的时候，应等主宾或主要领导先取食物后，其他人才开始用餐。

这些细微的礼节，不仅可以向长辈、领导或主人表达敬意，也展现了个人修养。

用餐时还有一个“让菜不夹菜”的礼仪。

传统上有一种热情的待客方式，即主人为客人夹菜，

尝一下，这个太湖银鱼特别好吃。

这种做法没有考虑到客人的饮食禁忌，很容易让客人感到尴尬。因为菜是好菜，主人也热情，但有可能这位客人并不喜欢吃鱼，一旦鱼被夹到客人碗里，吃的话客人不舒服，不吃则会驳了主人面子，客人就会左右为难。

后来，这个传统逐渐被改变，从夹菜变为让菜。作为主人，你可以对客人说：

这是太湖银鱼，它与白虾、白鱼并称“太湖三白”，风味独特，值得一试。您尝尝。

这样的表达既介绍了食物的特色，又将选择权留给了客人。

此外，用餐时我们还需注意言辞要得体，不要说一些不合

适的话题。要善于倾听他人的意见，不要过于自我或打断他人的发言。同时，要时刻关注客人的需求和感受，提供必要的帮助和服务。

饮酒礼仪

在商务宴请时，需要认真践行饮酒礼仪。

若你是女性，并且作为主要陪同人员陪丈夫参加商务宴请，特别是在高端餐厅，我建议避免亲自倒酒或斟茶，而应提前与服务人员沟通，由他们代劳。

许多男性领导认为，伴侣应为宾客斟酒以显女主人的风范，实则既失礼于宾客，又失礼于服务人员。

在普通餐厅，情况则有所不同。作为女主人，你可能需要扮演服务人员的角色，尤其是在人手不足的情况下，需要为客人倒酒或处理其他事情，确保商务宴请顺畅进行。

敬酒的方向选择蕴含着对客人的尊重。

从礼仪的角度来看，应以方便他人为主。传统礼仪以左为尊，但现代遵循国际惯例，以右为尊，把最重要的客人安排在右手边。因此，敬酒时应在被敬者的左侧，把右侧留给对方，便于对方优雅碰杯。这一细节，既是对礼仪的精准把握，也是对客人感受的细腻关怀。

餐后礼仪

宴会尾声，得体而优雅的餐后礼仪能为这场商务宴请画上一个圆满的句号。

1. **结账技巧**。提前与服务人员沟通好，避免账单被直接放在桌子上，或者放到客人面前。高额的餐费会让对方担心回请时的标准；而低额的餐费则可能让人质疑宴请者的诚意。

2. **感谢客人**。真诚感谢客人的到来，并表达自己对合作的期望与信心。

3. **清理现场**。确保宴会现场整洁有序，不要留下垃圾或杂物。

4. **发送感谢信息**。在宴会结束后的一两天内，可以向客人发送感谢信息，表达自己的感激之情和合作愿望。

以上商务宴请礼仪攻略涉及准备阶段、宴会过程中以及宴会结束后的多个方面。

遵循这些礼仪规范，不仅能够展现个人的职业素养和品位，还能够为商务合作创造良好的氛围。

在商务宴请中，细节是无声的礼赞，周到是隐形的桥梁。你在商务宴请中曾经有过哪些不经意的疏忽呢?

日常生活中的礼仪指南

礼仪是日常生活的重要组成部分，它不仅与个人习惯息息相关，还是内在修养的直观体现。**去除专业化，追求生活化，让礼仪文化渗透到每个人的工作和生活当中，才能真正为美好赋能。**

生活中一些被忽视的礼仪

礼仪虽然看似细微，却是文明社会交往的基石。我们有时会不经意间忽略一些礼仪。所以，不妨花些时间，自我审视一下日常行为，看看是否遗漏了这些重要的礼仪细节：

打电话一定要等对方先挂断吗?

之前，我们办公室的一位年轻女员工接到主管部门的电话时，对方要求我们配合参与一些活动，她简短地回答了“好的，知道了"，随即挂掉了电话。

这个行为引出了关于电话礼仪的讨论：她的做法是否恰当？

通常，打电话的人有权利先挂断电话，这是基本的通话礼仪。若你是接听方，出于尊重应该让打电话的人先挂断。这样做可以确保双方都有机会在通话结束前补充遗漏的信息，避免了因没有交代清楚而中断对话的情况。

另外，与长辈或上级通话时，不论你是接听方还是打电话的一方，都应由他们先挂断电话，这体现了对他们的尊重。

从这个角度来看，那位年轻女员工的做法有些欠妥。她的行为不仅可能导致遗漏重要信息，还可能被对方视为不尊重。因此，要用恰当的处理方式及时回应，避免造成不必要的误解。

去别人家做客时，为什么不能坐在床上？

坐在别人家的床上，看似是一个小小的举动，却可能给别人带来不适和困扰。

从个人隐私的角度来看，床是与个人隐私密切相关的一个家具。床是用来休息和放松的空间，如果未经允许就坐在床上可能会让主人感到不适，尤其是对个人卫生或隐私有特别要求的人。

从文化和礼仪的角度来看，床是每个人的私人领地，不可冒犯。作为客人，如果未经允许就坐在床上，主人可能会感到个人空间被侵犯，从而产生"被冒犯感"。

当我们去别人家做客时，可以礼貌地询问主人哪里可以坐，尊重主人的意愿，避免做出让人不舒服的行为。

去拜访他人时，临走前为什么不要带走垃圾？

有些朋友到办公室找我，他们临走前会说："白老师，我们可以帮你把垃圾带走。"

如果是好朋友，我会告诉他们不要这样做；如果是普通朋友，我会直接告诉他们会有人专门来处理。

主动帮忙带走垃圾是一种体贴行为，但从文化和礼仪的角度来看，这并不合适。因为，客人带走垃圾可能被解读为对主人家卫生状况的质疑，或者暗示主人没有妥善处理好家务。

除非主人直接询问："我正好要下去扔垃圾，带不了了，你可以来帮我拿一下吗？"你才可以帮忙。

擦桌子为什么要顺着自己的方向？

擦桌子时要注意一个细节——将灰尘或者脏东西擦向自己的方向，而不能擦向他人的方向。

这一做法背后蕴含了多重原因。

1. **卫生习惯**。从卫生习惯的角度来看，擦桌子时顺着自己的方向抹，可以避免将抹布上的秽物带到已经擦干净的桌面上，从而保持桌面的清洁度。如果逆向擦拭，抹布上可能沾有的灰尘、食物残渣等污物，很容易重新污染桌面，影响清洁效果。

2. **尊重礼仪**。这一做法也体现了对他人的尊重。在餐桌礼仪中，避免将可能带有污物的抹布朝向他人。

3. **实际操作效率**。顺着自己的方向擦桌子，在实际操作中也能提高效率。因为这样可以减少重复擦拭的次数，以及不同区域之间的交叉污染，从而更快地完成清洁任务。同时，保持一致的擦拭方向，还有助于形成均匀的擦拭痕迹，使桌面看起来更加整洁美观。

所以，擦桌子时顺着自己的方向抹，是一种既卫生又礼貌的做法，同时也能提高效率。

上下楼梯应该怎么走才安全?

对于穿裙子的女性来说，走在他人后面，既保护了个人隐私，也避免了尴尬。

如果遇到只有一侧靠墙的楼梯，恰好与长者或尊者同行，应该让他们走在靠墙的一侧，这一侧通常被认为是更安全的。

此外，我们应在日常生活中尊重和照顾长者和尊者，如乘坐电梯或公共交通工具时，要让他们先行，确保他们的安全和舒适。

日常生活中用餐时有哪些规矩要遵守?

在用餐时，要学会正确使用筷子这个礼仪工具。

首先，筷子不是表达情绪和辅助肢体语言的工具。用餐时，切勿用筷子指人，更不可在情绪激动时随意抛掷。此举不仅失礼，更显粗俗。

其次，在吃主食时，无论是吃面条还是米饭，不可以将筷子竖直插入。因为这在某些文化中与祭祀仪式相关，被视为不吉之兆。正确的做法是将筷子平放在碗的旁边。

再次，筷子不能横放在碗上。其原因主要源于文化、礼仪和习惯等多个方面。

最后，在吃饭的过程中，不要随意翻动菜，也不要越过自己面前的菜去挑选其他的菜。

以下为筷子的正确摆放礼仪：

用餐前，筷子应整齐地码放在碗的右侧。如果条件允许，可以配置筷枕（筷架）。

用餐后，筷子应整齐地竖向码放在碗的正中或放在碗后面的桌子上，使碗、筷子的中心、餐桌的中心成为一条直线。这种摆放方式既符合礼仪规范，也便于保持餐具的整洁和卫生。

礼仪虽小，却能展现教养与尊重，也能为生活增加一份文明和温馨。

无人监督时也要自我约束

生活中的礼仪是个人修养的体现，需要我们不断去学习和实践，也需要我们观察并学习那些做得出色的人。

有一位我非常钦佩的企业家，他的言谈举止常常得到他人的赞扬，提起他的名字，大家纷纷为他点赞，这不仅仅是因为他事业有成，更在于他为人处世时对细节的注重和对他人的尊重。

无论何时何地，他都会先敲门再进入。这个小小的动作体现了对他人的尊重，给房间内的人准备的时间，避免突然被打扰。

即使他在用餐过程中短暂离席，每次回来后也会敲门再进。

这个细节常被我们所忽视，但他却始终如一。受其影响，我也开始效仿这一做法，深感其中蕴含的礼仪之美。

在称呼上，他同样做得很得体。与上级或知名人士交往，他从不会为了彰显人脉而随意称兄道弟。无论关系多么亲密，只要有第三方在场，他总会以对方的职务相称，不卑不亢，尽显处世智慧与尊重他人的高尚品质。

这些行为不仅反映了他的生活礼仪修养，也提醒我们，在日常生活中，即使在没有监督的情况下，也应保持自我约束和尊重他人。

当没有他人监督时，你在生活中是否也会用礼仪约束自己呢？

学会社交中一些基本礼仪

注重社交礼仪，学会与人和谐相处，才能建立良好的人际关系，给自己带来更多的机会。

幽默是社交的润滑剂

生活需要幽默感，它能为生活增添色彩和乐趣。拥有幽默感的人，往往能让周围的人感到轻松愉快，使社交互动更加有趣。

幽默可以通过多种方式表达，但并非所有方式都得体。

其中一种不太恰当的幽默，是通过揶揄他人达到效果，这种方式把矛头指向了别人，有一定的伤害性，还显得缺乏同理心。

相比之下，自嘲是一种更为高级的幽默。这能展现出一个人的内心强大，他们敢于分享自己的糗事或尴尬经历来活跃气氛。

在一次同学聚会上，有位同学被大家调侃家庭地位不高，他自嘲道："是啊，我在家里的地位原本就不高，自从家里养了一只狗后，我的地位连狗都不如了。"

这样的幽默方式不仅化解了尴尬，还为聚会增加了欢乐。

对于那些不擅长或不愿意自嘲的人，示弱也是一种有效的幽默策略。特别是对于女性来说，适当的示弱可以被视为一种可爱的表现，同时用一种轻松的方式表达了自己的需求，还能减少社交距离。

此外，还可以通过转移话题或者顺着他人意图来说的方式达到幽默的效果。例如，有人问你最近是不是胖了，你可以这样回答：

是啊，我最近确实"膨胀"了，可能是因为在我的心里，你的地位越来越重要了吧。

这样的回答，不仅巧妙地避开了体重问题，还让对话充满了趣味性。

幽默是社交中的润滑剂，不仅能拉近人与人之间的距离，还可以让周围的人感到舒适和愉快。

赞美要掌握一些技巧

赞美是一种强大的社交工具，它不仅能提供给对方情绪价值，还能为你带来满足感和快乐。

在社交中，我们该如何赞美他人呢?

首先，赞美应该真诚。

我儿子经常对我说：

妈妈，好幸运我的妈妈是您，因为有您，我的生活非常幸福，学习动力也更足了。

他的赞美，让我感到无比欣慰。相反，如果孩子只是泛泛地说：

妈妈，您真的太好了，您好棒。

这样的赞美虽听起来不错，但显得空洞，难以触动人心。

如果我们想赞美一位女性充满智慧，不妨引用她在某个场合说过的一段话，并分享其带来的启发。这种基于事实的赞美，不仅显得真诚，也更容易被对方接受。

其次，赞美时具体描述对方的某个特质或行为。

例如，我们想赞美一位漂亮的女性，可以从其着装打扮的细节上称赞她："哇，你今天穿的这条裙子，特别衬托你的气质，看起来非常优雅！"这样的赞美就比"你今天很漂亮"更具说服力，能让对方感受到你的赞美是经过观察和思考的。

最后，巧妙地"先抑后扬"也是一种赞美方式。

通过巧妙设置悬念，最终以出人意料的转折达到赞美的效果，使人印象深刻。以江南才子唐伯虎的一则故事为例：

唐伯虎受富翁之邀为其母庆生，现场挥毫泼墨，创作了一幅《蟠桃献寿》图，并即兴赋诗。他边写边高声吟诵“这个婆娘不是人”，让在场的人无不震惊，气氛一度紧张。紧接着，他吟出第二句“九天仙女下凡尘”，让所有人转惊为喜。然而，当第三句“儿孙个个都是贼”一出，富翁一家几乎按捺不住，气氛再次紧张。最终，他以“偷得蟠桃献至亲”收尾，巧妙地将前面的“抑”转变为“扬”，让在场的宾客无不为之惊叹。

这种赞美方式之所以有效，是因为它利用了人们对故事结局的好奇心和期待感。通过开始的“抑”，吸引听众的注意力，再通过后面的“扬”，给听众带来惊喜，使赞美的效果更加显著。

在社交中，我们也可以借鉴这种技巧，但使用“先抑后扬”手法时，要确保最终的“扬”能充分地抵消前面的“抑”，并且要确保听众能接受这种幽默的方式，避免造成误会。

回应赞美是一门艺术

除了赞美他人，回应赞美也是一种重要的礼仪，更是谦逊与尊重他人的体现。

当被对方赞美时，有些朋友喜欢以一种谦逊的态度来回应赞美，会说“没有，您谬赞了”。有时这种回应会让对方感到困惑，不知是否应该继续话题。

我更建议通过积极的互动来维持对话的流畅性。例如，当对方赞美你时，你可以通过赞美对方来延续对话，但要注意适度，避免过度赞美导致对方感到不适。

如果有人称赞你“今天的妆容很美”，你真诚地回一句“谢谢你的赞美”就可以拉近社交距离。要是担心这样回答会显得有些冷淡，你还可以回应：“其实我觉得拥有观察力的你更美，因为你总能发现美的事物。”这样的回答不仅传递了赞美，还巧妙地把话题引向了对方。

真正的社交礼仪，体现在那些容易被忽视的细节里，我们需要培养一种敏锐的观察力，去捕捉细微之处，从而与他人建立更加亲密的社交关系。

后　记

美好人生的双行线

当这本书的创作接近尾声时，我的心中涌动着难以言喻的感慨。这些从心头、笔端流淌出来的文字，我知道并不是简单的经验堆砌，而是我对自己心灵的探索和审视的“旅程”。

人生就是一个不断“缝缝补补”的过程，在不断地反省与修缮中，实现自我成长与蜕变。

曾经的我，以为只要自己能力出众，就会在人群中被一眼看见。直到后来，我经历了工作和生活的磨砺，被快节奏、高竞争的环境裹挟着前行，被一时的挫折和失败狠狠“上了一课”时才明了，拥有一张鲜明又闪亮的形象名片，自己的努力才更容易被看见、被接纳、被欣赏。

于是，我开始反思并调整自己的生活方式和工作习惯，从衣着打扮到沟通方式，都力求展现出更专业的一面。我发现，当我注重形象提升后，身边的人更加喜欢我，机会似乎也更加青睐于我。

原来，被看见，不仅仅在于我的优秀，更在于能巧妙地展现我的优秀。

在自媒体时代，人人都是自己的媒体，都可以为自己打造影响力。好的形象，不再仅仅关乎外表的装扮得体，更是通过言谈举止、社交媒体的呈现，甚至是每一次公开演讲和会议中的发言，来构建一个让人印象深刻、值得信赖的个人品牌。一个精心塑造的形象，可以给人留下良好的第一印象，创造职场机遇，成就人生梦想。

有效的形象管理还能增强自信。这是一种由内而外散发出的气质与光芒，会让我们的能力更加耀眼，扩大我们的影响力。它帮助我们更好地与不同背景的人建立连接，无论是职场晋升、业务拓展，还是人际交往，都能受益匪浅。

进入形象礼仪领域深耕之后，我更加深刻体会到形象的重要性。通过不断学习与反思，我努力使形象更加符合内心的追求与期望。我相信，唯有当我们真正了解自己、明确自身的价值与追求时，才能塑造出最具个性的美好形象。

在创作这本书的过程中，我深入研究了形象与内在之间的微妙关系，发掘了隐藏在光鲜外表下的真正魅力所在。我也走访了各行各业的从业者，聆听了他们关于形象塑造的心得与故事，从他们的经历中汲取灵感，并将这些宝贵的经验融入了字里行间。愿你在阅读的过程中，能找到属于自己的定位与方向，不断提升自己的形象与内在修养，无论走到哪里都能成为熠熠生辉的焦点人物。

在未来的日子里，我将继续致力于形象与内在修养的探索与研究，期待与亲爱的读者朋友们能在更广阔的领域相遇。

愿我们都能在形象塑造的道路上不断前行，不断成长。

我也深信，只要我们用心去感受生活、提升自己，就一定能够成为那个兼具美好形象与丰盈内在的人。